特別支援教育
第3版

一人ひとりの教育的ニーズに応じて

柳本雄次／河合 康
［編著］

福村出版

[JCOPY] 〈出版者著作権管理機構 委託出版物〉

本書の無断複写は著作権法上での例外を除き禁じられています．複写される場合は，そのつど事前に，出版者著作権管理機構（電話 03-5244-5088，FAX 03-5244-5089, e-mail: info@jcopy.or.jp）の許諾を得てください．

まえがき

　2007（平成 19）年に改正学校教育法の施行により，障害の種類・程度に応じて特別の場において指導が行われた従来の特殊教育から，一人ひとりの教育的ニーズに応じて適切な教育と必要な支援を行う特別支援教育へと制度が転換し，すでに 10 年あまりが経過しました。その制度的転換はきわめて急で具体的な実行に危惧される面はありましたが，今日まで，この間の国内及び国際的なさまざまな社会的状況に対応して，国・自治体及び教育関係者の尽力もあって特別支援教育は発展・変化を遂げています。そのことは，特別支援教育が特別の場から通常の学校や学級にも広がり，その対象も発達障害に加え，さらに障害の有無を超えて特別の支援を必要とする子どもにまで広がりをみせていることから明らかです。

　しかし，特別支援教育に移行して以降，特別支援学校や特別支援学級において知的障害や自閉症の児童生徒の増加傾向が続き，その過大化・狭隘化（きょうあい）に対する教育施設の整備の問題が生じています。また，通級による指導における発達障害等の児童生徒数が年々増大しています。こうした背景には，本人及び保護者の特別支援教育への理解と願い・要求が存在すると推察されますが，今日少子化で全学齢児童生徒数が減少しているにもかかわらず，特別支援教育の対象となる児童生徒数が増加している状況は，現代社会の課題である共生社会の形成，インクルーシブ教育システムの構築との関係性においてどのように評価し改善すべきか，検討する必要性があると認識しております。

　本書は，特別支援教育への移行時に，その理解と推進に寄与するため企画し，2008（平成 20）年 3 月に刊行しましたが，その後 2009（平成 21）年の特別支援学校学習指導要領の改訂に合わせて『改訂版』を 2011（平成 23）年 10 月に出版しました。今回は，2014（平成 26）年の「障害者の権利に関する条約」の批准をめぐる国内の動向と 2017（平成 29）年の特別支援学校学習指導要領の改訂を受けて，『第 3 版』として企画いたしました。単なる改訂版というより，最近の特別支援教育の課題にも着目し，Ⅱ部として特別支援教育の基礎を

設けるなど，目次構成に工夫を加えてみました。また，全体の章を15章に改編したことで，Ⅳ部において同一の章で複数の障害を扱うこととなりました。さらに，移行後特別支援教育の理解も深化し推進も充実してきたことから，本書の副題を「一人ひとりの教育的ニーズに応じて」に改めました。しかしながら，本書が私たちの恩師石部元雄先生の終始一貫して目指してきた特別支援教育の理解と推進の一助になることを願う気持ちは変わっておりません。

　最後に，刊行に際してご協力いただいた執筆者ならびに編集者に対して心から御礼を申し上げます。

　2019（平成31）年2月

柳本雄次・河合康

目　次

まえがき　3

Ⅰ部　特別支援教育とは

1章　特殊教育から特別支援教育へ　　　　　　　　　　　　　　　　10
 1　障害のある子どもの教育の創始　10
 2　公教育の進展と障害のある子どもの教育　11
 3　第二次大戦後の特殊教育制度の発展　14
 4　最近の障害者施策をめぐる国内外の動向　16
 5　特別支援教育の制度化に向けた取り組み　17
 6　今後の特別支援教育の課題と展望　21

2章　特別支援教育の法制度　　　　　　　　　　　　　　　　　　　25
 1　特別支援教育の法制度　25
 2　特別支援教育にかかわる特別な規定　30

3章　特別支援教育の教育課程　　　　　　　　　　　　　　　　　　37
 1　教育課程に関する基本概念　37
 2　特別支援学校学習指導要領の変遷　40
 3　特別支援学校の教育課程　46
 4　特別支援学級と通級による指導における教育課程　53

4章　海外の特別支援教育　　　　　　　　　　　　　　　　　　　　55
 1　はじめに　55
 2　日本の特別支援教育に影響した理念　55
 3　北欧における特別支援教育の教育課程　58
 4　現代的課題と教育実践――次世代の学校づくりのために　63

5章　特別支援教育の将来展望　　　　　　　　　　　　　　　　　　66
 1　合理的配慮　66
 2　連続性のある多様な学びの場における教育　68

3　特別支援教育に携わる教職員の専門性の向上　78
　　4　特別支援教育の対象　82

Ⅱ部　特別支援教育の基礎

6章　医学的な基礎　86
　　1　障害の医学モデルと社会・生活モデル　86
　　2　特別支援教育の対象となる疾患　88
　　3　神経発達症の併存症・合併症　98
　　4　神経発達症の医学的検査　98
　　5　薬物療法，医療との連携　99

7章　キャリア教育　102
　　1　キャリア教育とは　102
　　2　キャリア教育の中核となる個別の教育支援計画　106
　　3　キャリア教育の実際　109

8章　関係機関との協同　113
　　1　新たな「障害」観とその到達点　113
　　2　各分野との協同　116

Ⅲ部　発達障害の理解と発達支援

9章　LD（学習障害）　126
　　1　LD（学習障害）とは　126
　　2　LDの理解　128
　　3　LD児に対する教育　131

10章　ADHD（注意欠陥・多動性障害）　135
　　1　ADHD（注意欠陥・多動性障害）とは　135
　　2　ADHDの理解　138
　　3　ADHD児に対する教育的対応　141

11章　ASD（自閉症スペクトラム障害）　146
　　1　ASD（自閉症スペクトラム障害）とは　146
　　2　ASDの行動特性と認知特性　148

3 行動上の問題の取り組みの方向性と指導方法論 151
4 学校教育におけるASDへの取り組み 153

Ⅳ部　障害児の発達特性とその教育

12章　感覚系障害 158

1節　視覚障害 158
1 視覚障害とは 158
2 視覚障害児の発達 158
3 視覚障害児の理解 159
4 視覚障害児の教育 160

2節　聴覚障害 167
1 聴覚障害の定義 167
2 聴覚障害のタイプ 170
3 発達的観点からの問題と対応 172
4 聴覚障害児の発達特性 173
5 聴覚障害児の教育 174

13章　知的障害 178
1 知的障害とは 178
2 知的障害児（者）の特性と理解 181
3 知的障害の教育・療育 185
4 知的障害教育をめぐる今日的課題 190

14章　肢体不自由, 重複障害 193
1 肢体不自由児（者）とは 193
2 重複障害とは 195
3 子どもの発達と肢体不自由 195
4 肢体不自由を伴う子どもの教育の場と教育課程 199

15章　心身系障害 207

1節　病弱・身体虚弱 207
1 病弱・身体虚弱とは 207
2 病弱・身体虚弱の子どもの状態把握 212

3　病弱・身体虚弱の特性に応じた教育内容と方法　213
2節　情緒障害・言語障害　218
　1　情緒障害・言語障害とは　218
　2　場面緘黙　219
　3　吃音　220
　4　場面緘黙・吃音がある子どもの指導・支援　222

人名・事項索引　226

Ⅰ部

特別支援教育とは

1章　特殊教育から特別支援教育へ

　特殊教育のもとでは，障害のある子どもの教育は，障害の種類・程度に応じて盲・聾(ろう)・養護学校や特殊学級など特別の場において行われる，分離システムで実施されてきた。しかし，近年の社会の変化や障害の重度・重複化，多様化等を踏まえ，2007（平成19）年度から一人ひとりの教育的ニーズに応じて適切な教育と必要な支援を行う特別支援教育への制度的な転換が行われた。本章では，この転換の背景を，障害のある子どもの教育の歴史的展開に基づきながら述べることにする。

1　障害のある子どもの教育の創始

　かつて障害のある人々は，日常生活でさまざまな困難が生じ自活も難しいことから，その多くは家族・親族や村落共同体の中で保護を受けながら暮らしていたと思われる。しかし，中には厄介者扱いされ，血縁・地縁からも追放されて生存そのものが脅かされ，救貧施設に収容保護された人もいた。この救貧施設では最低限の生活の維持ばかりではなく，施設内の各種作業に従事するための指導も行われたが，それはあくまで施設の経費節減が主たる目的であった。
　14世紀にヨーロッパで拡がったルネッサンス，それに続く諸科学の興隆は，人間性の回復をもたらし，障害者観をも変革させた。障害＝教育不可能と捉える旧来の見方は，16世紀のスペインでレオン（Ponce de León, P.）が，1つの感覚の喪失は他の感覚で補償される説に依拠し，聴覚障害のある子どもに感覚訓練による発音指導を行い口話獲得を試みた取り組みによって再考を迫られた。17～18世紀になると「盲人書簡」を著したディドロ（Diderot, D.）や経験主義を唱えるロック（Locke, J.），ルソー（Rousseau, J.-J.）等の啓蒙思想家により，人間の認識は感覚や直観を通した経験によって成立するという論説が主張され，障害のある子どもの教育の可能性の基礎が築かれた。当初こうした教育可能性に注目し，その実証を企てた障害のある子どもへの教育は，その多くが上流階

層の子どもに対する私的な試みにとどまった。

　18世紀後半になると、障害のある人々の生活の困窮を改善したいという博愛の精神から組織的に彼らの教育に取り組んだ先人たちがいる。ド・レペ（de l'Epée, C.-M.）は、聴覚障害のある子どもの救済が天職であると決め、1760年パリに私財を賭して貧困な聴覚障害の子どもの学校を創設した。後に国王から建物と教育費の援助を与えられ、今日の国立パリ聾学校に発展する。彼は手話が聴覚障害者の自然な言語であると考え、手話法を導入した。他方、ドイツではハイニッケ（Heinicke, S.）が手話法に反対して口話法を公に主唱し、1778年ライプチヒに公的援助を受けて聾学校を設立した。アユイ（Haüy, V.）は視覚障害の人々の窮状に心痛し、博愛協会の要請を受けて、1784年、パリに自立を目指した職業教育を重視した盲学校を開校した。彼は凸字を考案し使用したが、卒業生のブライユ（Braille, L.）が6点から構成した点字は1854年に同校で正式に採用され、外国にも普及することになった。

　教育可能性が至難とみられた知的障害の子どもを対象に、その教育可能性の実証に向かって挑戦した人物が、「白痴の使徒」と言われたセガン（Séguin, O.-E.）である。彼は、知的障害の人々に対する確固とした人権意識を持ち、アヴェロンの野生児への教育実験で著名なイタール（Itard, J.）の感覚訓練の指導を受け、独自の生理学的な教育方法を体系化した。それは、人間の発達を知・情・意の側面から捉えた総合的な教育観に立った人間形成の教育理念であり、教育法であった。彼は白痴学校を創設し、教育実践に基づいた知的障害の子どもの教育の成果を公表し、国内外に知的障害児のための教育機関の設立を促した。この時期に創設された障害児の学校の中には、創設時に学校（school）ではなく、貧困階層の障害児の教育・職業訓練のための施設（institution, home）を名乗り、その目的が防貧機能にあることを明確に表明しているものもあった。

2　公教育の進展と障害のある子どもの教育

　19世紀に入ると国民を対象とした義務・無償・普遍性を要件とする公教育が発展する。それは教育が、1つには国民の基本的な権利を保障すること、い

ま1つは国民を国家存続の立場から政治的・文化的統一と生産様態への統合を図ることという二重の意図から社会的施策として実施されることになったからである。したがって，公教育は，時代・社会状況によって，国益が前面に出て個人の要求は顧みられなかったり，それとは逆に個々の子どもの利益が優先されたりして，あらためてその社会的意義が問われることになった。

　障害のある子どもの教育の発展過程をみても，国家的立場が優位な時代には，学校教育の対象となる障害児は，教育を授けることにより社会的自立＝職業的自立が見込まれるものに限定された。その結果，教育は視覚障害，聴覚障害，その他の軽度障害のあるものに限られた。しかし，教育が人間の基本的権利として認められる時代には，個人の幸福を追求する不可欠な営為として，すべての人間に教育が保障されることになった。今日でも国・地域によっては障害のある子どもの発達を保障する制度がまだ整備されていない状況もあり，先進国でもすべての障害のある子どもに義務教育制度が成立するのは，1970年前後であり，比較的最近のことといってよい。

　障害のある子どもの教育の必要性が社会的に認識されるようになるのは，近代的な学校教育制度が発達して以降である。イギリスでは深刻な児童労働の実態，国民の教育要求の運動等を背景として，1870年に初等教育法が成立する。しかし，障害のある子どもに対しては，すでに教育実績の認められた視覚障害・聴覚障害の場合でも1893年になってはじめて初等教育（盲・聾児）法が制定された。さらに遅れて，軽度の知的障害については1914年に初等教育（欠陥児・てんかん児）法で，肢体不自由，病弱については1918年の教育法で義務教育制度が規定された。

　わが国でも明治期には富国強兵施策による国民皆学を企図した学制や教育令により公教育の制度化が図られたが，初期には学校での教育が困難・不可能とみられた障害のある子どもは就学することもなく，学校教育とは無縁な存在であった。仮にいったん就学しても，進級・卒業試験が課される課程主義の学校制度では，原級留置（落第）になり，その結果，中退になることが多かった。当時こうした原級留置の子どもたちに，特別な補習授業や特別な学級の設置が行われたが，それは低学力問題の改善を意図した，障害児というより劣等児向けの学習困難対策であった。障害のある子どもは公教育の対象として就学義務

が課されることもなく猶予・免除の措置により学校から排除されていた。

　こうした状況下，わが国で最初の障害のある子どもの教育機関が，1878（明治11）年古河太四郎によって京都に創立された京都盲唖院である。これは，研究熱心な彼が独自の教具や方法を開発してすでに1875（明治8）年頃から小学校で聴覚障害の子どもの指導を行ってきた，その成果が認められての設立であった。東京でも宣教師フォールズ（Faulds, H.）の呼びかけに応じた中村正直や山尾庸三らによって結成された楽善会により1880（明治13）年に楽善会訓盲院が設立された。訓盲院はその後，聴覚障害の子どもも受け入れて訓盲唖院となったが，財政難に陥り1885（明治18）年に官立東京盲唖学校となった。同校教員だった石川倉次によりブライユ点字を翻案した点字が1890（明治23）年に日本訓盲点字に定められ，彼は点字の父と呼ばれる。

　盲唖学校は小学校に類する各種学校に数えられたが，他の知的障害，肢体不自由の子どもの教育的営みは，1907（明治40）年の文部省訓令による師範学校附属小学校における特別学級を除けば，ほとんどは福祉施設の形態で取り組まれていた。最初の知的障害児の施設は，石井亮一によって1891（明治24）年に設立された滝乃川学園（初期は孤女学院）であるが，セガンの生理学的教育方法が展開されていた。1909（明治42）年創設の白川学園は，小学校教員の脇田良吉が成績不良や貧困な子どものための特別学校を京都府に要求したが果たせず，福祉施設で設立された。また，1921（大正10）年に柏倉松蔵によって創立された最初の肢体不自由児の施設である柏学園は，医療体操の他は小学校に準じた教科学習を行っていたが，学校ではなく私塾であった。各種学校として設立されるのは，1932（昭和7）年開校の肢体不自由児対象の東京市立光明学校と，1940（昭和15）年開校の知的障害児対象の大阪市立思斉学校が最初であり，戦前までそれぞれの障害で唯一の学校であった。

　明治末から大正期にかけて，各地に盲唖学校が設置されたが，いずれも小規模の私立校で経営基盤が弱く，短期に廃校に追い込まれた。特別学級も設置されたものの，ほとんど長期間継続せず短命に終わった。こうした状況を打開するため，関係者の法制化を求めた運動が実って，1923（大正12）年に盲学校及聾唖学校令が公布され，ここに道府県に対する設置義務と無償制が実現した。私立校は公立に移管し，経営的な安定をもたらしたが，盲・聾唖学校の併置を

認めたことと就学義務が規定されなかったことは後に盲・聾教育の発展に禍根を残した。

　大正から昭和初期にかけて新教育運動が隆盛となり，個性尊重，画一的教育への批判を背景にして，知的障害，肢体不自由，虚弱の子どもの教育に関心が拡大し，都市部を中心に特別学級の増設がみられた。また，眼科や耳鼻科の発達により，弱視や難聴の子どもは教育上区別されるべきであるとされ，1933（昭和8）年に東京市南山尋常小学校に最初の弱視学級が，1934（昭和9）年に東京市礫川尋常小学校に最初の難聴学級がそれぞれ設置された。

　1941（昭和16）年に国民学校令が公布されたが，同施行規則第53条において，身体虚弱，知的障害その他の障害のある子どもで特別養護の必要があると認められる者に特別な学級，学校を編制することができると規定され，そのような学級，学校は養護学級，養護学校と称されることになり，なるべく障害別の編制を行うことが推奨された。

3　第二次大戦後の特殊教育制度の発展

　第二次世界大戦後，教育を受ける権利と教育機会の均等を謳った日本国憲法及び教育基本法に基づき，新しい学校教育制度を定めた学校教育法が1947（昭和22）年に公布された。特殊教育を行う盲・聾・養護学校を通常の学校と同列に位置づけ，義務教育学校と規定していたが，中学校の整備が優先され，その義務制実施は延期された。これに対して，盲・聾教育の関係者が強力に実施を要求した結果，翌1948（23）年度から盲・聾学校は小学部1年より学年進行で義務化された。

　他方，養護学校は非義務制の学校のため国庫補助もなく設置が進まなかったが，1956（昭和31）年に公立養護学校整備特別措置法が制定されたことにより，以後順調に設置が促進された。1959（昭和34）年に中央教育審議会の「特殊教育の充実振興についての答申」において，障害別の養護学校の設置，特殊学級の設置促進が提言され，行政主導による計画的設置が始まった。しかし，養護学校対象である障害種の重度の子どもは，就学義務の猶予・免除とされ，知的障害や肢体不自由等の児童福祉施設が発達支援のための実質的な受け皿であ

った。こうした不就学の子どもの問題が社会的に取り上げられ，昭和40年代に在宅及び施設における訪問指導が拡大していった。1971（昭和46）年の中央教育審議会の「今後における学校教育拡充整備のための基本的施策について（答申）」の中で，養護学校義務制の実施，重度重複障害児への教育対応が提言されたことにより，義務化への動きが本格化し，文部省は1972（昭和47）年度を初年度とする養護学校整備7年計画を立て，最終年度となる1978（昭和53）年度までに該当する子どもすべてを就学させるために必要な養護学校を設置することとし，1973（昭和48）年に養護学校教育の義務化に関する予告政令を出し，1979（昭和54）年度からの義務制が実施されることとなった。

　養護学校の義務化に伴い，就学義務の猶予・免除は治療や生命保持のため療養に専念する必要のある子どもに限定して行うこととなり，また，通学困難な，最重度障害の子どもには訪問教育が制度化されたことにより，就学義務の猶予・免除者は激減した。ここに，すべての障害のある子どもの学校教育の保障が制度上実現したといえる。

　養護学校義務化後の特殊教育制度の進展は，社会の変化や児童生徒等の障害の重度・重複化，多様化等に応じた施策が講じられた30年といえる。1981（昭和56）年の国際障害者年は広く国民の障害者への理解啓発に影響を及ぼし，1983（昭和58）年からの「国連・障害者の十年」に呼応して，わが国でも1982（昭和57）年に「障害者対策に関する長期計画」が策定され，1987（昭和62）年にはその成果を踏まえ「『障害者対策に関する長期計画』後期重点施策」が決定された。

　軽度障害の子どもへの対応では，1990（平成2）年に「通級学級に関する調査研究協力者会議」（文部省）が設置され，その審議のまとめを受け，1993（平成5）年に通常学級に在籍する，言語障害等の子どもに対して通級による指導が制度化された。同協力者会議では，学習障害に関する基礎的な研究や学習上の困難を有する子どもの指導方法に関する実際的な調査研究も行われ，その結果を踏まえ，学習障害に関する調査研究協力者会議から1999（平成11）年に学習障害の定義や判断基準などが示された。

　また，障害の重度・重複化に対応しては，医療的ケアを必要とする子どもは訪問教育の対象とされていたが，しだいに通学を希望するものが増えてくる状

況に対して，文部科学省は，長年のモデル事業の研究結果を踏まえ，厚生労働省と協議した結果，2004（平成16）年に盲・聾・養護学校において，教員が行う経管栄養，痰の吸引等の行為については看護師を中心とする連携協力体制を整備して実施することとなった。そして，2009（平成21）年3月の特別支援学校学習指導要領等においては，重複障害者等に関する教育課程の編成の取り扱いが個の実態に応じて一層弾力化されるなどの改訂が行われた。

4　最近の障害者施策をめぐる国内外の動向

　国内の障害者施策に関して，2002（平成14）年12月閣議決定された「障害者基本計画」において，障害のある子ども一人ひとりのニーズに応じてきめ細かな支援を行うために乳幼児期から学校卒業後まで一貫して計画的に教育や療育を行うとともに，学習障害（LD），注意欠陥多動性障害（ADHD），自閉症について教育的支援を行うことが基本方針として盛り込まれた。

　2004（平成16）年6月の障害者基本法の一部改正により，基本理念として障害を理由として差別その他の権利利益を侵害してはならない旨が規定されたほか，障害のある子どもと障害のない子どもとの交流及び共同学習の積極的推進による相互理解の促進が規定された。

　2004（平成16）年12月に発達障害に関して早期発見や発達支援に対する国及び地方公共団体の責務を明らかにし，学校教育における支援や就労の支援等を定めた発達障害者支援法が成立し，2005（平成17）年度から施行された。

　2006（平成18）年12月に全面的に改正された教育基本法では，第4条第2項に「国及び地方公共団体は，障害のある者が，その障害の状態に応じ，十分な教育を受けられるよう，教育上必要な支援を講じなければならない」と規定された。2008（平成20）年4月には中央教育審議会から「教育振興基本計画について―『教育立国』の実現に向けて（答申）」が出され，幼稚園から高等学校までを通じて，発達障害を含む障害のある子ども一人ひとりの教育的ニーズを把握し適切な支援を行うため，特に特別支援教育支援員の配置を促すとともに，小・中学校に在籍する障害のある子どもに対して「個別の指導計画」が作成されるよう促すなど，体制整備を推進することが提言された。

国際的には，国際連合総会において，障害のある人がそれぞれの社会の市民として，その他の人々と同じ権利と義務を行使できることを確保することを目的として，「障害者の機会均等化に関する基準規則」が1993（平成5）年に採択された。1994（平成6）年にスペインのサラマンカで開催された「特別なニーズ教育に関する世界会議：アクセスと質」で障害のある子どもを含めた万人のための学校を提唱した「サラマンカ宣言」が採択された。

また，1992（平成4）年に国連アジア太平洋経済社会委員会（UNESCAP）が決議した「アジア太平洋障害者の十年」（1993-2002）の最終年を迎えた2002（平成14）年には，その総会においてさらに10年延長することとなり，同年10月に滋賀県で開催されたハイレベル政府間会合において，インクルーシブでバリアフリーかつ権利に基づく社会に向けた行動課題「びわこミレニアム・フレームワーク」が採択された。

さらに，2001（平成13）年には，国際連合総会において，「障害者の人権及び尊厳を保護・促進するための包括的・総合的な国際条約」決議案が採択され，この条約を策定するための作業が進められ，2006（平成18）年12月の国際連合総会において「障害者の権利に関する条約」（以下，障害者の権利条約）として採択された。

5　特別支援教育の制度化に向けた取り組み

a　「21世紀の特殊教育の在り方について（最終報告）」

文部科学省が特殊教育からの方向転換を公に表明した第一歩は，2001（平成13）年1月の「21世紀の特殊教育の在り方について（最終報告）」である。この最終報告を報じた新聞各紙の見出しは，「普通学校障害児受け入れ緩和へ　保護者に意見の場」（朝日新聞）とか，「障害児の就学先，弾力的に」（読売新聞）であった。そのことから，いかに読者が特殊教育における就学指導の問題に大きな関心があったかが推察される[10]。最終報告では，これからの特殊教育は，障害のある児童生徒等の視点に立って一人ひとりのニーズを把握し，必要な支援を行うという考えに基づいて対応を図る必要があるとして，次の5項目を基本的な考え方に挙げている[6]。

（1）ノーマライゼーションの進展に向け，障害のある児童生徒等の自立と社

会参加を社会全体として，生涯にわたって支援する。

(2) 教育，福祉，医療，労働等が一体となって乳幼児期から学校卒業後まで障害のある子ども及びその保護者等に対する相談及び支援を行う体制を整備する。

(3) 障害の重度・重複化や多様化を踏まえ，盲・聾・養護学校等における教育を充実するとともに，通常の学級の特別な教育的支援を必要とする児童生徒等に積極的に対応する。

(4) 児童生徒の特別な教育的ニーズを把握し，必要な教育的支援を行うため，就学指導の在り方を改善する。

(5) 学校や地域における魅力と特色ある教育活動等を促進するため，特殊教育に関する制度を見直し，市町村や学校に対する支援を充実する。

この基本的な考え方に基づいて，最終報告では，①乳幼児期から学校卒業後までの一貫した相談支援体制は関係省庁の協力を得て整備を推進すること，②盲・聾・養護学校に就学すべき児童生徒の障害の程度に関する基準や就学指導の在り方の見直しは教育委員会や学校の理解を得て改善を図ること，③学習障害等の特別な教育的支援を必要とする児童生徒への対応など，特殊教育全般にわたる制度の見直しや施策の充実について具体的な提言を行った。その際に「特殊教育」に代わるべき「特別支援教育」等の適切な名称の検討が望まれるとしていた。

b 「今後の特別支援教育の在り方について（最終報告）」

2001（平成 13）年に，前述の提言を踏まえて今後の特別支援教育の在り方について調査審議する調査研究協力者会議が設置された。同会議は，障害のある子ども一人ひとりの教育的ニーズに対応するため，個々の教員や学校のみの努力では限界があることや，従来の学校制度や教育システムの見直しや施策の改善に向けて取り組むことの重要性を認識し，障害種別の枠を超えた盲・聾・養護学校の在り方や小・中学校等における LD，ADHD 等への教育的対応について作業部会を設け検討した。

2003（平成 15）年 3 月の最終報告「今後の特別支援教育の在り方について」の中で，障害の程度等に応じ特別の場で指導を行う「特殊教育」から障害のあ

る児童生徒一人ひとりの教育的ニーズに応じて適切な教育的支援を行う「特別支援教育」への転換を図ることが基本的な方向であると提示された。そして特殊教育の果たしてきた役割と実態を分析したうえで，先に述べた障害の重度・重複化及び多様化に伴う教育的課題とともに，これまでその定義，判断基準が明らかでない等の理由から，LD, ADHD, 高機能自閉症の児童生徒については，学習や生活上での困難の早期発見，専門家等との連携による適切な指導体制の確立等の十分な対応が図られてきておらず，その教育的対応が喫緊の課題であると示された。2002（平成14）年に文部科学省が実施した全国実態調査の結果は，学習や生活面で特別な教育的支援を必要とする児童生徒が約6％程度の割合で通常の学級に在籍している可能性を示した。「今後は，これらの児童生徒についても，特殊教育の対象とされる視覚障害，聴覚障害，知的障害等の児童生徒と分けて考えることなく，一人一人の教育的ニーズに応じて特別の教育的支援を行うという視点から，教育的対応を考えることが必要である」[7]とされた。このように対象とすべき児童生徒の量的な拡大と障害種の多様化による質的な複雑化に対しては，近年の国・地方公共団体の厳しい財政事情等を踏まえ，既存の特殊教育のための人的・物的資源の配分の在り方について見直しを行うこと，また地方分権にも配慮し地域の実情に応じる適正な体制・システムの構築を図ることが肝要であるといった現実的な認識も示された。

　また，最終報告では，①盲・聾・養護学校を障害種にとらわれない学校制度（特別支援学校〈仮称〉）にするとともに，地域の特別支援教育のセンター的機能を有する学校とすること，②小・中学校における特別支援教育の体制を確立するとともに，特殊学級や通級による指導の在り方を見直すこと，③教員の専門性を強化するための免許制度の改善など，制度的な課題についての具体的検討の必要性が指摘された。

c　中央教育審議会「特別支援教育を推進するための制度の在り方について（答申）」

　これらの課題を検討するため，2004（平成16）年2月に中央教育審議会初等中等教育分科会に特別支援教育特別委員会が設置され，同委員会では特別支援教育を一層推進すべきであると認識し検討を重ね，翌年12月に中央教育審

議会から「特別支援教育を推進するための制度の在り方について（答申）」が出された。

　この答申において，「特別支援教育とは，障害のある幼児児童生徒の自立や社会参加に向けた主体的な取組を支援するという視点に立ち，幼児児童生徒一人一人の教育的ニーズを把握し，その持てる力を高め，生活や学習上の困難を改善又は克服するため，適切な指導及び必要な支援を行うものである。（中略）現在，小・中学校において通常の学級に在籍するLD・ADHD・高機能自閉症等の児童生徒に対する指導及び支援が喫緊の課題となっており，特別支援教育においては，特殊教育の対象となっている幼児児童生徒に加え，これらの児童生徒に対しても適切な指導及び必要な支援を行うものである」[2]と述べている。また，特別支援教育は，「従来の特殊教育が果たしてきた役割や実績を否定するものではなく，むしろ，これを継承・発展させていこうとするものである。したがって，特別支援教育は，これまでの特殊教育の枠組みの下で培われてきた教育水準や教員の専門性が維持・向上できるような方向で推進されることが必要である」[2]と指摘している。

　さらに，「（LD・ADHD・高機能自閉症等の状態を示す幼児児童生徒に教育的ニーズに応じた指導等を行う）こうした考え方が学校全体に浸透することにより，障害の有無にかかわらず，当該学校における幼児児童生徒の確かな学力の向上や豊かな心の育成にも資するものと言える。こうしたことから，特別支援教育の理念と基本的な考え方が浸透・定着することは，現在の学校教育が抱えている様々な課題の解決や改革に大いに資すると考えられることから，積極的な意義を有するものである」[2]。そして，「我が国が目指すべき社会は，障害の有無にかかわらず，誰もが相互に人格と個性を尊重し支え合う共生社会である。その実現のため，障害者基本法や障害者基本計画に基づき，ノーマライゼーションの理念に基づく障害者の社会への参加・参画に向けた総合的な施策が政府全体で推進されてきており，その中で，学校教育は，障害者の自立と社会参加を見通した取組を含め，重要な役割を果たすことが求められている。その意味で，特別支援教育の理念や考え方が，学校教育関係者をはじめとして国民全体に共有されることを目指すべきである」[2]と提言している。

6　今後の特別支援教育の課題と展望

　2006（平成18）年6月に特別支援教育関連の条項を規定する「学校教育法等の一部を改正する法律」が成立し，2007（平成19）年度から特別支援教育は施行された。それに前後して特別支援教育推進体制の整備，個別の教育支援計画の策定や個別の指導計画の作成，センター的機能の充実，教員の専門性の向上などの課題が精力的に取り組まれている。

　2007（平成19）年4月1日，文部科学省初等中等教育局長からの「特別支援教育の推進について（通知）」において，あらためて特別支援教育の理念が示された。

　「特別支援教育は，障害のある幼児児童生徒の自立や社会参加に向けた主体的な取り組みを支援するという視点に立ち，一人一人の教育的ニーズを把握し，その持てる力を高め，生活や学習上の困難を改善又は克服するため，適切な指導及び必要な支援を行うものである。

　また，特別支援教育は，これまでの特殊教育の対象の障害だけでなく，知的な遅れのない発達障害も含めて，特別な支援を必要とする幼児児童生徒が在籍する全ての学校において実施されるものである。

　さらに，特別支援教育は，障害のある幼児児童生徒への教育にとどまらず，障害の有無やその他の個々の違いを認識しつつ様々な人々が生き生きと活躍できる共生社会の形成の基礎となるものであり，我が国の現在及び将来の社会にとって重要な意味を持っている」[8]

　こうした状況の中で特別支援教育には新たな課題が現れた。1つは，知的障害特別支援学校の在学者の急増対策である。近年は特別支援学校，特別支援学級及び通級による指導の対象者が年々増加しているが，その内訳をみると，知的障害，自閉症，学習障害，注意欠陥多動性障害を中心としたものである。特に知的障害特別支援学校では，就学予定者の増加に既存の施設では対応できずに，プレハブ校舎の建設，特別教室の一般教室化，教室の細分化などの応急処置を講じているが，大規模化・狭隘化の弊害が起きている。このため，特別支援学校の新設，既存の特別支援学校の対象障害種の複数化，通常学校への特別

支援学校の分校・分教室の設置が推進されている。国・都道府県とも厳しい財政状況下において予想を超えた事態に対して基本的な教育環境の拡充が緊急の行政課題になっている。

　いま1つは,「障害者の権利条約」への批准に向けた条件整備である。政府は,2006年国連総会において採択され,2008年5月に発効した同条約の締結に必要な国内法の整備をはじめとするわが国の障害者に係る制度の集中的な改革の推進を図るため,内閣総理大臣を本部長とした障がい者制度改革推進本部を設置し,同本部のもとに,障がい者制度改革推進会議を設けた。同会議は2010（平成22）年1月から審議を開始し,この推進会議の意見を尊重した「障がい者制度改革のための基本的な方向について」（2010年6月,閣議決定）が公表された。この中で,教育については障害のある子どもが障害のない子どもとともに教育を受けるという障害者の権利条約のインクルーシブ教育システム構築の理念を踏まえ,「可能な限り障害者である児童及び生徒が障害者でない児童及び生徒と共に教育を受けられるよう配慮し」など,障害者基本法の改正案が決定されている[5]。

　また,中央教育審議会初等中等教育分科会に「特別支援教育の在り方に関する特別委員会」が設置され,同委員会は2010（平成22）年12月に「論点整理」を公表した。この中で,インクルーシブ教育システム構築に向けての特別支援教育の方向性については「インクルーシブ教育システム（包容する教育制度）の理念とそれに向かっていく方向性に賛成」「インクルーシブ教育システムにおいては,同じ場で共に学ぶことを追求するとともに,個別の教育的ニーズのある子どもに対して,その時点で教育的ニーズに最も的確に応える指導を提供できる多様で柔軟な仕組みを整備することが重要。子ども一人一人の学習権を保障する観点から,通常の学級,通級による指導,特別支援学級,特別支援学校といった,連続性のある『多様な学びの場』を用意しておくことが必要」[3]と述べられている。この他,就学相談・就学先決定の在り方,インクルーシブ教育システム構築のための人的・物的な環境整備,教職員の確保及び専門性向上のための方策について意見が整理されている（詳しくは5章を参照）。

　表1-1は従前の特殊教育と特別支援教育とを5つの観点から対比したものである。今後の特別支援教育は,障害の特性に応じた専門性を承継しつつも,

表1-1 特殊教育と特別支援教育

特殊教育	理念・目的	特別支援教育
障害の種類・程度に応じて，特別の場で適切な教育を行う	理念・目的	一人ひとりの教育的ニーズに応じて，適切な教育と必要な支援を行う
盲学校・聾学校・養護学校 特殊学級 通級による指導	教育形態	特別支援学校 特別支援学級 通級による指導 **通常の学級（巡回指導等）**
視覚障害 聴覚障害 知的障害 肢体不自由 病弱・身体虚弱 言語障害 情緒障害	対象とする障害	視覚障害 聴覚障害 知的障害 肢体不自由 病弱・身体虚弱 言語障害 情緒障害 自閉症 **学習障害** **注意欠陥多動性障害，高機能自閉症**
在籍幼児児童生徒の教育	機能・役割	在籍者の教育＋**センター的機能**
閉鎖・完結型システム 分離教育型	教育システム	開放・連携型システム インクルーシブ教育型

　近年のインテグレーション，インクルージョン等の国際的動向や保護者の学校教育選択への志向を視野に入れて，障害のない子どもとともに学ぶことのできる共同性と生活の拠点であるコミュニティに根ざした地域性を重視した教育であることが求められる。と同時に，現在の通常学校のかかえるさまざまな教育問題の解決とも深く関連したものといえよう。

■引用・参考文献
  1) 荒川勇・大井清吉・中野善達：日本障害児教育史　福村出版　1976
  2) 中央教育審議会：特別支援教育を推進するための制度の在り方について（答申）

2005
3) 中央教育審議会初等中等教育分科会：特別支援教育の在り方に関する特別委員会　論点整理概要　2010
4) 独立行政法人国立特別支援教育総合研究所：特別支援教育の基礎・基本――一人一人のニーズに応じた教育の推進　ジアース教育新社　2009
5) 細村迪夫：肢体不自由教育の歩みと展開．肢体不自由教育，200，4-9，2011
6) 文部科学省：21世紀の特殊教育の在り方について――一人一人のニーズに応じた特別な支援の在り方について（最終報告）　2001
7) 文部科学省：今後の特別支援教育の在り方について（最終報告）　2005
8) 文部科学省初等中等教育局長：特別支援教育の推進について（通知）　2007
9) 筑波大学特別支援教育研究センター　斉藤佐和編：特別支援教育の基礎理論　教育出版　2006
10) 柳本雄次：選ぶ教育を支える――特別な教育的ニーズと特別学校の役割．発達障害研究，23（3），164-170，2001

2章 特別支援教育の法制度

1 特別支援教育の法制度

　教育・特別支援教育に関する法律の体系を示すと図2-1のようになる。以下に内容を整理していく。

a　日本国憲法

　「最高法規」である日本国憲法では第26条にすべての国民に教育を受ける権利があること，義務教育は無償で提供されることが明記され就学義務を規定している。

```
日本国憲法（1946）
       ↓
教育基本法（1947）
同法改正（2006）
       ↓
学校教育法（1947）
       ↓
学校教育法施行令（政令）
学校教育法施行規則（省令）
       ↓
通達・通知・告示・学習指導要領等
```

図2-1　教育・特別支援教育に関する法律の体系
出典：河合・小宮[1]より引用作成

　第26条　すべて国民は，法律の定めるところにより，その能力に応じて，ひとしく教育を受ける権利を有する。
　2　すべて国民は，法律の定めるところにより，その保護する子女に普通教育を受けさせる義務を負ふ。義務教育は，これを無償とする。

---

b　教育基本法

　日本国憲法の精神を踏まえて，1947（昭和22）年に教育基本法は制定されたが，2006（平成18）年に改正されるまでは「障害」という言葉は使用されていなかった。
　改正前では「教育の機会均等」は同法第3条であったが，改正後は同法第4条となり第2項で「障害のある者」への教育上必要な支援が規定された。

教育基本法（2006）第4条「教育の機会均等」

すべて国民は，ひとしく，その能力に応じた教育を受ける機会を与えられなければならず，人種，信条，性別，社会的身分，経済的地位又は門地によって，教育上差別されない。
2 　国及び地方公共団体は，障害のある者が，その障害の状態に応じ，十分な教育を受けられるよう，教育上必要な支援を講じなければならない。

c 　学校教育法

学校教育法においては「第八章　特別支援教育」の中で，障害のある子どもの教育を規定している。第72条は，特別支援学校の目的を明示している。

第72条　特別支援学校は，視覚障害者，聴覚障害者，知的障害者，肢体不自由者又は病弱者（身体虚弱者を含む。以下同じ。）に対して，幼稚園，小学校，中学校又は高等学校に準ずる教育を施すとともに，障害による学習上又は生活上の困難を克服し自立を図るために必要な知識技能を授けることを目的とする。

本条は，特別支援学校が対象とする障害を「視覚障害者，聴覚障害者，知的障害者，肢体不自由者，病弱者」の5種類であることを示し，「幼稚園，小学校，中学校又は高等学校に準ずる教育を施す」ことと，「障害による学習上又は生活上の困難を克服し自立を図るために必要な知識技能を授ける」ことの2つの目的を挙げている。前者の「準ずる教育」とは，通常の学校と「等しい」教育をいい，後者は特別支援学校独自の領域である「自立活動」を指す。

第74条　特別支援学校においては，第72条に規定する目的を実現するための教育を行うほか，幼稚園，小学校，中学校，義務教育学校，高等学校又は中等教育学校の要請に応じて，第81条第1項に規定する幼児，児童又は生徒の教育に関し必要な助言又は援助を行うよう努めるものとする。

本条は，特別支援学校に在籍する障害のある子どもの教育を行う他に，他学

校への特別支援教育に関する助言または援助を行うよう努めるとする，特別支援学校の「センター的機能」について示している。特別支援教育はすべての学校で行われることとなり，特別支援学校と密接な連携・調整を図り「センター的機能」を有効に活用することが，特別支援教育の充実につながる。

> 第75条　第72条に規定する視覚障害者，聴覚障害者，知的障害者，肢体不自由者又は病弱者の障害の程度は，政令で定める。

本条は，特別支援学校に就学対象となる子どもの障害の程度を，政令である学校教育法施行令で定めることを規定している。この規定に基づき学校教育法施行令が「第22条の3」で具体的な障害の程度を明示している。第22条の3の内容は，特別支援学校への「就学基準」と呼ばれているものであり，表2－1に示した。

表2－1　学校教育法施行令第22条の3「就学基準」

区分	障害の程度
視覚障害者	両眼の矯正視力がおおむね0.3未満のもの又は視力以外の視機能障害が高度のもののうち，拡大鏡等の使用によっても通常の文字，図形等の視覚による認識が不可能又は著しく困難な程度のもの
聴覚障害者	両耳の聴力レベルがおおむね60デシベル以上のもののうち，補聴器等の使用によっても通常の話声を解することが不可能又は著しく困難な程度のもの
知的障害者	一　知的発達の遅滞があり，他人との意思疎通が困難で日常生活を営むのに頻繁に援助を必要とする程度のもの 二　知的発達の遅滞の程度が前号に掲げる程度に達しないもののうち，社会生活への適応が著しく困難なもの
肢体不自由者	一　肢体不自由の状態が補装具の使用によっても歩行，筆記等日常生活における基本的な動作が不可能又は困難な程度のもの 二　肢体不自由の状態が前号に掲げる程度に達しないもののうち，常時の医学的観察指導を必要とする程度のもの
病弱者	一　慢性の呼吸器疾患，腎臓疾患及び神経疾患，悪性新生物その他の疾患の状態が継続して医療又は生活規制を必要とする程度のもの 二　身体虚弱の状態が継続して生活規制を必要とする程度のもの

> 第76条 特別支援学校には，小学部及び中学部を置かなければならない。ただし，特別の必要のある場合においては，そのいずれかのみを置くことができる。
> 2 特別支援学校には，小学部及び中学部のほか，幼稚部又は高等部を置くことができ，また，特別の必要のある場合においては，前項の規定にかかわらず，小学部及び中学部を置かないで幼稚部又は高等部のみを置くことができる。

> 第80条 都道府県は，その区域内にある学齢児童及び学齢生徒のうち，視覚障害者，聴覚障害者，知的障害者，肢体不自由者又は病弱者で，その障害が，第75条の政令で定める程度のものを就学させるに必要な特別支援学校を設置しなければならない。

第76条では，特別支援学校には基本的に小学部および中学部が設置されるが，条文では，特別の必要のある場合には，柔軟に部の設置ができることを規定している。

なお第80条では，特別支援学校の設置義務が小・中学校とは異なり「都道府県」にあることを規定している。

> 第81条 幼稚園，小学校，中学校，義務教育学校，高等学校及び中等教育学校においては，次項各号のいずれかに該当する幼児，児童及び生徒その他教育上特別の支援を必要とする幼児，児童及び生徒に対し，文部科学大臣の定めるところにより，障害による学習上又は生活上の困難を克服するための教育を行うものとする。
> 2 小学校，中学校，義務教育学校，高等学校及び中等教育学校には，次の各号のいずれかに該当する児童及び生徒のために，特別支援学級を置くことができる。
> 　1 知的障害者
> 　2 肢体不自由者

> 3 身体虚弱者
> 4 弱視者
> 5 難聴者
> 6 その他障害のある者で，特別支援学級において教育を行うことが適当なもの
>
> 3 前項に規定する学校においては，疾病により療養中の児童及び生徒に対して，特別支援学級を設け，又は教員を派遣して，教育を行うことができる。

　第81条は，3項で構成されており，第1項が2007（平成19）年度の特別支援教育転換時に新設された条文である。それぞれの学校の教育活動すべての場面において，教育上特別の支援を必要とする幼児，児童及び生徒に対し，障害による学習上または生活上の困難を克服するための教育を行うこととされた。第2項が特別支援学級の規定である。条文中には5種類の障害が示されているが，これに加えて「言語障害者」および「自閉症・情緒障害者」があり，7種類の特別支援学級がある。第3項の特別支援学級が一般的に「院内学級」と呼ばれるものである。また，療養中の児童および生徒に対して，教員を家庭や病院等に派遣して，訪問教育が行われている。

d 学校教育法施行規則（「通級による指導」の根拠）

> 第140条 小学校，中学校，義務教育学校，高等学校又は中等教育学校において，次の各号のいずれかに該当する児童又は生徒（特別支援学級の児童及び生徒を除く。）のうち当該障害に応じた特別の指導を行う必要があるものを教育する場合には，文部科学大臣が別に定めるところにより，（中略）特別の教育課程によることができる。
> 1 言語障害者　2 自閉症者　3 情緒障害者　4 弱視者　5 難聴者　6 学習障害者　7 注意欠陥多動性障害者　8 その他障害のある者で，この条の規定により特別の教育課程による教育を行うことが適当なもの
>
> 第141条　前条の規定により特別の教育課程による場合においては，校長

> は，児童又は生徒が，当該小学校，中学校，義務教育学校，高等学校又は中等教育学校の設置者の定めるところにより他の小学校，中学校，義務教育学校，高等学校，中等教育学校又は特別支援学校の小学部，中学部若しくは高等部において受けた授業を，当該小学校，中学校，義務教育学校，高等学校又は中等教育学校において受けた当該特別の教育課程に係る授業とみなすことができる。

学校教育法施行規則第140条および第141条は，いわゆる「通級による指導」について示している。第140条では「自校通級（在籍している学校の通級指導教室に通う）」，第141条では，「他校通級」と呼ばれる形態を示す。

なお通級による指導は，2018（平成30）年度から，高等学校および中等教育学校の後期課程に在籍する生徒も対象となった。

特別支援学級および通級による指導の対象の障害の種類と程度を表2−2に示した。

2 特別支援教育にかかわる特別な規定

以上，特別支援教育に関する法律および政省令を整理してきたが，これに加えて，特別支援教育にかかわる特別な規定がある。

a 就学支援

障害のある子どもの就学については，従来就学基準に該当する障害のある子どもは，特別支援学校に原則就学するという仕組みを改め，2013（平成25）年に学校教育法施行令の改正を行った。

主な内容は「就学先を決定する仕組みの改正」「障害の状態等の変化を踏まえた転学」「視覚障害者等による区域外就学等」「保護者及び専門家からの意見聴取の機会の拡大」などである。

「就学先を決定する仕組みの改正」については，2012（平成24）年の中央教育審議会初等中等教育分科会報告「共生社会の形成に向けたインクルーシブ教育システム構築のための特別支援教育の推進」の提言を踏まえたものであり，

表2-2 特別支援学級および通級による指導の対象となる児童・生徒の障害の種類と程度

	特別支援学級		通級による指導
知的障害者	知的発達の遅滞があり，他人との意思疎通に軽度の困難があり日常生活を営むのに一部援助が必要で，社会生活への適応が困難である程度のもの		
肢体不自由者	補装具によっても歩行や筆記等日常生活における基本的な動作に軽度の困難がある程度のもの	肢体不自由者，病弱者及び身体虚弱者	肢体不自由，病弱又は身体虚弱の程度が，通常の学級での学習におおむね参加でき，一部特別な指導を必要とする程度のもの
病弱者及び身体虚弱者	一 慢性の呼吸器疾患その他疾患の状態が持続的又は間欠的に医療又は生活の管理を必要とする程度のもの 二 身体虚弱の状態が持続的に生活の管理を必要とする程度のもの		
弱視者	拡大鏡等の使用によっても通常の文字，図形等の視覚による認識が困難な程度のもの	弱視者	拡大鏡等の使用によっても通常の文字，図形等の視覚による認識が困難な程度の者で，通常の学級での学習におおむね参加でき，一部特別な指導を必要とするもの
難聴者	補聴器等の使用によっても通常の話声を解することが困難な程度のもの	難聴者	補聴器等の使用によっても通常の話声を解することが困難な程度の者で，通常の学級での学習におおむね参加でき，一部特別な指導を必要とするもの
言語障害者	口蓋裂，構音器官のまひ等器質的又は機能的な構音障害のある者，吃音等話し言葉におけるリズムの障害のある者，話す，聞く等言語機能の基礎的事項に発達の遅れがある者，その他これに準ずる者（これらの障害が主として他の障害に起因するものではない者に限る。）で，その程度が著しいもの	言語障害者	口蓋裂，構音器官のまひ等器質的又は機能的な構音障害のある者，吃音等話し言葉におけるリズムの障害のある者，話す，聞く等言語機能の基礎的事項に発達の遅れがある者，その他これに準ずる者（これらの障害が主として他の障害に起因するものではない者に限る。）で，通常の学級での学習におおむね参加でき，一部特別な指導を必要とする程度のもの
自閉症・情緒障害者	一 自閉症又はそれに類するもので，他人との意思疎通及び対人関係の形成が困難である程度のもの 二 主として心理的な要因による選択性かん黙等があるもので，社会生活への適応が困難であるもの	自閉症者	自閉症又はそれに類するもので，通常の学級での学習におおむね参加でき，一部特別な指導を必要とする程度のもの
		情緒障害者	主として心理的な要因による選択性かん黙等があるもので，通常の学級での学習におおむね参加でき，一部特別な指導を必要とする程度のもの
		学習障害者	全般的な知的発達に遅れはないが，聞く，話す，読む，書く，計算する又は推論する能力のうち特定のものの習得と使用に著しい困難を示すもので，一部特別な指導を必要とする程度のもの
		注意欠陥多動性障害者	年齢又は発達に不釣り合いな注意力，又は衝動性・多動性が認められ，社会的な活動や学業の機能に支障をきたすもので，一部特別な指導を必要とする程度のもの

出典：文部科学省[4]より作成

32　I部　特別支援教育とは

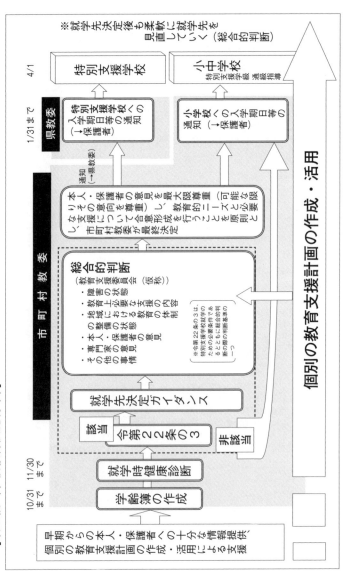

図2−2　文部科学省（2013）就学手続きの流れ[3]

市町村教育委員会が個々の児童生徒について障害の状態，本人の教育的ニーズ，本人・保護者の意見，教育学・医学・心理学などの専門的見地からの意見，学校や地域の状況などを考慮した総合的な観点から就学先を決定するようにしたものである（図2－2参照）。

b 特別支援教育就学奨励

特殊教育諸学校（盲学校，聾学校および養護学校）への就学は保護者にとって著しく大きな経済的負担となることから，その経済的負担を軽減する施策として，1954（昭和29）年に「盲学校，聾学校及び養護学校への就学奨励に関する法律」が制定・施行された。しかし，当時養護学校は義務教育ではなかったため対象外であったが，1956（昭和31）年の法改正により，まだ非義務だった養護学校に就学する児童生徒も対象となった。さらに1971（昭和46）年度からは，小・中学校の特殊学級（現特別支援学級）に在籍する児童生徒もその対象に含まれるようになった。2007（平成19）年度には，特別支援教育制度の開始に伴い，法律名も「特別支援学校への就学奨励に関する法律」となった。2013（平成25）年度からは，通常学級に就学する児童生徒（学校教育法施行令第22条の3に定める障害の程度に該当）についても支給対象となった。他方，支給対象経費も当初の教科用図書購入費・学校給食費・通学費・付添人の交通費から，その後費目が追加拡充されている。

具体的な就学奨励費の項目や経費負担の割合については表2－3に示した。

c 学級編制・教職員配置

特別支援学校の学級編制については，学校教育法施行規則や学校設置基準に示されているが，「公立義務教育諸学校の学級編制及び教職員定数の標準に関する法律」（以下，「義務標準法」という）と「公立高等学校の適正配置及び教職員定数の標準等に関する法律（以下，高校標準法という）」があり，国が示すものに弾力性を持たせて編制している。たとえば特別支援学校小・中学部は6人，高等部は8人，重複障害学級はいずれも3人で学級が編制される。なお公立小・中学校の特別支援学級の編制は8人である。

教職員定員配置については，公立特別支援学校に在籍する児童生徒数の増加

I部 特別支援教育とは

表2-3 特別支援教育就学奨励費負担割合一覧 (2018)

区分	幼稚部			特別支援学校 小学部			中学部			高等部 本科・別科			専攻科			特別支援学級			小・中学校 通常の学級(令22条の3)		
	Ⅰ	Ⅱ	Ⅲ	Ⅰ	Ⅱ	Ⅲ	Ⅰ	Ⅱ	Ⅲ	Ⅰ	Ⅱ	Ⅲ	Ⅰ	Ⅱ	Ⅲ	Ⅰ	Ⅱ	Ⅲ	Ⅰ・Ⅱ		Ⅲ
教科用図書購入費	10/10	1/2	—	10/10	1/2	—	10/10	1/2	—	10/10	10/10	10/10	10/10	1/2	—	10/10	1/2	—	1/2		—
学校給食費	10/10	10/10	10/10	10/10	10/10	10/10	10/10	10/10	10/10	—	—	—	10/10	10/10	10/10	10/10	10/10	10/10	10/10		1/2
通学費 本人経費	10/10	10/10	10/10	1〜3年 10/10 / 4〜6年 (肢重)10/10	1〜3年 1/2 / 4〜6年 (肢重)10/10	1〜3年 1/2 / 4〜6年 (肢重)10/10	10/10	1/2	1/2	10/10	1/2	—	10/10	1/2	—	10/10	1/2	—	—		—
通学費 付添人経費 付添い中	10/10	10/10	10/10	1〜3年 10/10 / 4〜6年(肢重)10/10	1〜3年 1/2 / 4〜6年(肢重)10/10	1〜3年 1/2 / 4〜6年(肢重)10/10	10/10	1/2	1/2	(肢重)10/10	(肢重)1/2	(肢重)	—	—	—	—	—	—	—		—
通学費 付添人経費 付添いのため	10/10	10/10	10/10	10/10	1/2	1/2	10/10	1/2	1/2	(肢重)10/10	(肢重)1/2	(肢重)	—	—	—	—	—	—	—		—
帰省費 本人 1〜3回	10/10	10/10	10/10	10/10	1/2	1/2	10/10	1/2	1/2	10/10	1/2	—	10/10	1/2	—	—	—	—	—		—
帰省費 本人 4〜39回	10/10	10/10	10/10	10/10	1/2	1/2	10/10	1/2	1/2	(肢重)10/10	(肢重)1/2	(肢重)	(肢重)10/10	(肢重)1/2	(肢重)	—	—	—	—		—
帰省費 付添人経費 1〜3回 付添い中	10/10	10/10	10/10	10/10	1/2	1/2	10/10	1/2	1/2	(肢重)10/10	(肢重)1/2	(肢重)	(肢重)10/10	(肢重)1/2	(肢重)	—	—	—	—		—
帰省費 付添人経費 4〜39回 付添いのため	10/10	10/10	10/10	10/10	1/2	1/2	10/10	1/2	1/2	(肢重)10/10	(肢重)1/2	(肢重)	(肢重)10/10	(肢重)1/2	(肢重)	—	—	—	—		—
職場実習費(交通費)	—	—	—	—	—	—	10/10	1/2	—	10/10	1/2	—	10/10	1/2	—	中学校 10/10	中学校 1/2	—	中学校 10/10		中学校 1/2
交流及び共同学習費	10/10	10/10	10/10	10/10	1/2	—	10/10	1/2	—	10/10	1/2	—	10/10	1/2	—	10/10	1/2	—	10/10		1/2

2章 特別支援教育の法制度　35

項目										
寄宿舎居住に伴う経費	寝具購入費	10/10 1/2	10/10 1/2	—	10/10 1/2	—	—	—	—	—
	日用品等購入費	10/10 1/2	10/10 1/2	—	10/10 1/2	—	—	10/10 1/2	—	—
食費		10/10	10/10	—	10/10	—	—	10/10 1/2	—	—
修学旅行費	本人経費	10/10 1/2	10/10 1/2	10/10 1/2	10/10 1/2	—	—	10/10 1/2	1/2	—
	付添人経費	—	(肢重) 10/10 1/2	(肢重) 10/10 1/2	(肢重) 10/10 1/2	—	—	—	—	—
	本人経費	10/10 1/2	10/10 1/2	10/10 1/2	10/10 1/2	—	—	10/10 1/2	1/2	—
校外活動等参加費	付添人経費	10/10 1/2	1～3年 10/10 1/2 / 4～6年（肢重）10/10 1/2	(肢重) 10/10 1/2	(肢重) 10/10 1/2	—	—	—	—	—
職場実習宿泊費		—	—	—	—	—	—	—	—	—
学用品・通学用品購入費		10/10 1/2	10/10 1/2	10/10 1/2	10/10 1/2	—	—	10/10 1/2	1/2	—
				—／(ICT)10/10	(ICT)10/10	—	—	—	—	—
新入学児童・生徒用学用品・通学用品購入費		—	10/10 1/2	10/10 1/2	10/10 1/2	—	—	10/10 1/2	1/2	—

出典：文部科学省 6)

注1：網掛けの欄は，負担分を示し，その他の欄は，補助金分を示す。支付金分は，負担分と補助金分をあわせた分である。
2：表中「10/10」及び「1/2」は，学校教育法施行令第22条の3に規定する障害の程度に該当する児童生徒が対象である。
3：表中の経済的負担者は，保護者の経済的負担能力による区分である。「重」は重度・重複障害を有する児童生徒である。
4：表中「肢重」は肢体不自由の児童生徒で「付添」は経費である。「付添」とは，幼児，児童または生徒に付添っている場合である。「付添い」のために，幼児，児童または生徒を送迎するために保護者が単独で往復する場合の交通費のうち職場実習費の交通費の場合である。
5：交通費のうち職場実習費の交通費の場合である。
6：特別支援学級の通学費については，中学校のみが対象である。
7：高等部の学用品・通学用品購入費は，「ICT」はICT機器購入費（加算分）である。

や障害の重度・重複化に対応するため，大規模校の教頭あるいは養護教諭などの複数配置や自立活動担当教師の配置が可能な定数措置を講じている。

　また通常の学級に在籍する障害のある児童生徒の通級による指導の充実や特別支援教育に関する加配事由の拡大について，2011（平成23）年4月に義務標準法の一部を改正した。

　さらに高等学校における通級による指導の制度化に伴い，2018（平成30）年3月に高校標準法施行令を改正し，公立高等学校における通級による指導のための加配定数措置を可能としている。

■引用・参考文献

1) 河合康・小宮三彌編著：わかりやすく学べる特別支援教育と障害児の心理・行動特性　2018
2) 文部科学省：学校教育法施行令の一部改正について（通知）　2013
3) 文部科学省：教育支援資料　2013
4) 文部科学省：障害のある児童生徒等に対する早期からの一貫した支援について（通知）　2013
5) 文部科学省：学校教育法施行規則の一部を改正する省令等の公布について（通知）　2016
6) 文部科学省：特別支援教育資料　2018
7) 内閣府：障害者白書　2018

3章　特別支援教育の教育課程

1　教育課程に関する基本概念

a　教育内容の組織としての教育課程

　教育課程の定義は多様であるが，特別支援学校学習指導要領解説では，学校において編成する教育課程とは，「学校教育の目的や目標を達成するために，教育の内容を児童生徒の心身の発達に応じ，授業時数との関連において総合的に組織した学校の教育計画である」と定義している。

　学校教育は，人類が蓄積してきた文化を伝達することを通して社会の継承・発展に寄与する人間を育てることを責務とするが，幼稚園（幼稚部）から高等学校（高等部）までの限られた教育期間において膨大な量の文化的内容のすべてを学ぶことはできないし，すべてを学ぶことが望ましいわけでもない。そこで，一定の教育的意図に基づいて文化的内容の取捨選択が行われる。すなわち，教育基本法をはじめとする諸法令に規定された学校教育の目的や目標に依拠し，限られた授業時間数における学習を前提として，子どもがその社会の大人になるために必要な事項，子ども自身の現在の生活に必要な事項，子ども自身の自己実現に寄与する事項，学校という教育の場で学習することが望まれる事項，発達期にこそ学習させたい事項，生涯学習の基礎となる事項等が選択されることになる。こうして選択された文化的内容が教育内容である。

　これらの教育内容は，さまざまな学問を背景に持ってはいるが，この時点では種々雑多なものの集まりにすぎない。そこで，学習の難易度，教育内容の関連性や順序性，子どもの発達や生活など，子どもの学習という観点から教育内容の分類，系統化が図られる。分類された領域や範囲をスコープ，配列された系列をシーケンスという。スコープには教育観や教育政策が反映され，その違いによって教科カリキュラムや経験カリキュラム等の類型が生じることになる。現在の日本における教育課程は教科カリキュラム型であり，国語や算数などの各教科や特別活動などがスコープで，どの学年で何を学ぶかがシーケンスに相

当する。

b 教育課程の基準としての学習指導要領

　学校は，自校の教育目標を設定し，教育課程を編成する。しかし，学校がまったく自由に編成できるということではない。学校の教育目標に関しては教育基本法に規定される教育の目的（第1条），目標（第2条），義務教育の目的（第5条），さらには，学校教育法に規定される義務教育の目標（第21条），各学校種別に規定された目的や目標に従わなければならない。

　教育課程のスコープ，授業時数に関しては学校教育法施行規則に従わなければならない。学校教育法施行規則は，学校教育法の「教育課程に関する事項は文部科学大臣が定める」という規定を受けて制定され，各学校種別に教育課程の領域・教科の枠組み（スコープ）を，義務教育段階においては領域や教科ごとの標準授業時数，1年間の標準総授業時数を学年別に示している。

　教育内容とシーケンスに関しては学習指導要領に従わなければならない。学習指導要領は，学校教育法施行規則の「教育課程の基準として文部科学大臣が別に公示する学習指導要領によるものとする」という規定を受けて，小学校，中学校，高等学校，特別支援学校について公示され（幼稚園は教育要領），領域や教科の目標と内容，教科については学年ごとの目標や内容，指導計画の作成と内容の取り扱いについての配慮事項を示している。

　学習指導要領は，国としての一定の教育水準を確保し，全国どこにおいても同じ水準の教育を受けることができるように定められるものとされ，そこには「中核的な事項」が示されている。示されている事項も「大綱的なもの」であり，具体的な個々の教育内容や学習の順序は示されていない。教育内容を具体化し，順序づけるのは学校の課題である。しかし，小学校，中学校，高等学校，特別支援学校等は文部科学省著作や文部科学省検定に合格した教科書の使用が義務づけられていることから，教科内容の具体化や順序づけについての自由度は必ずしも大きくはない。

c 学校における教育課程編成

　学校は，学習指導要領に加え，都道府県や市町村の教育委員会の規定に従っ

て教育課程を編成しなければならない。地方教育行政の組織及び運営に関する法律に基づき，教育委員会は教育課程に関する広範な権限を有し，教育課程編成の要領や手引きを作成したり，指導書や指導資料などを発行したりしている。なお，近年広域化しつつあるが，市町村の教育委員会は教科書の採択権を有している。

このような制約のもとではあるが，学校は，子どもの学習の観点から，実践の計画としての教育課程を編成することになる。今回の学習指導要領で強調されている「社会に開かれた教育課程」「カリキュラム・マネジメント」「主体的・対話的で深い学び」（いわゆる「アクティブ・ラーニング」）は学校の教育課程においてのみ実現されるものである。

「社会に開かれた教育課程」は，学校が設定する教育目標に地域や子どもの実態を加味することが求められるが，それにとどまらず家庭や地域と共有されることが望ましい。共有することで，地域の人的物的資源の効果的活用を図ることができるであろう。

「カリキュラム・マネジメント」では，教科横断的な視点で教科内容を捉えることが求められるが，それはどのような教材を選択するかにかかっている。教科の視点とは，私たちの生活や環境を1つの視点で捉えるものであるが，他の視点では生活や環境は違ったものとしてみえてくる。複眼的な視点で生活や環境を捉えるということでは，地域の産業や文化，地理，歴史の教材化の試みは，「カリキュラム・マネジメント」でもあり，「社会に開かれた教育課程」でもあり，興味深い。

「カリキュラム・マネジメント」のもう1つは，教育課程の編成，実施，評価，改善のサイクルの確立である。計画は実行されてこそ意味がある。計画に従って実行されたものは，目的が達成されたかどうかの評価によって，必要ならば計画の練り直しが求められることになる。教育においては，計画が教育課程の編成であり，実行が授業や具体的な指導である。この一連の過程をPDCA（計画・実行・点検・改善）サイクルということもある。

授業は編成された教育課程の実施段階であるが，必ずしも計画通りにいかないことがある。生身の教師と子どもが参加する授業であるから，同じ計画であっても教師と子どもが変われば実際の授業は相当異なることもある。同じ授業

で学んだのに子どもの達成度が異なるのは普通にみられることである。したがって，子どもが何を学んだかを確認する評価の手続きが重要である。その際，「隠れたカリキュラム」に留意する必要がある。意図していないにもかかわらず，環境や教師の言動から子どもは多くのことを学んでいるのである。「頑張って自立しようね」という励ましが「自立できない自分はだめな人間なんだ」と感じさせたり，障害をもつ子ともたない子が分離した環境で学ぶことによって，互いに相手を「自分とは違う人間」と捉えるようになることもある。

2 特別支援学校学習指導要領の変遷

　学校教育法第72条には，特別支援学校の目的として，①幼稚園，小学校，中学校又は高等学校に準ずる教育を施すこと，②障害による学習上又は生活上の困難を克服し自立を図るために必要な知識技能を授けること，が掲げられている（以下，目的①，目的②と略記）。現在は，これを受けて特別支援学校学習指導要領に特別支援学校の教育目標と教育内容が示されている[i]。しかし，この形式は最初からあったものではないし，教育課程の構造も変化している。

　表3-1は特別支援学校学習指導要領の変遷を通常の学校の学習指導要領と対照してまとめたものである。

a 第2期まで

　1957（昭和32）年に盲学校，聾(ろう)学校の小学部と中学部の学習指導要領がはじめて公表された。この1957年は小学校と中学校の学習指導要領が改訂され，告示として示される前年であるにもにもかかわらず，1951（昭和26）年の学習指導要領一般編に準じて作成されていた。その後2回の改訂は小学校等の学習指導要領の改訂と改訂のほぼ中間に行われ，第4期の改訂は小学校，中学校の学習指導要領改訂の2年後，高等学校学習指導要領改訂の翌年と徐々に間隔が狭まり，第5期以降は同年度に告示されている。

　第2期において養護学校の学習指導要領がはじめて公示され，すべての障害

---

i) 小学校等の教育目標は学校教育法に規定されているが，特別支援学校の教育目標は学校教育法ではなく学習指導要領に示されている。

種別についての学習指導要領がそろった。しかし、養護学校高等部の学習指導要領はまだ公示されていない。養護学校学習指導要領は「通達」として公示されたが、盲学校、聾学校は「告示」となった。

第1期における教育目標は、通常の学校の教育目標に準ずるが、すべて○○障害との関連に理解され、取り扱われなければならない（○○は障害名。以下、同じ）と目的①②が混在した形である。第2期においては、盲学校、聾学校の場合、通常の学校における教育の目標に準ずることが独立して明記され、第2項として、「児童の視力またはその他の視機能の障害およびこれに起因する心身の発達上の欠陥を補うための次に掲げる目標」のように障害ごとに目標が示された。養護学校の場合、教育目標としての独立した表示はみられない。

教育課程は、両期ともに盲学校、聾学校及び養護学校のいずれの学校においても、小学校等とまったく同じ領域・教科の枠組み（スコープ）で編成することになっていた。障害児を対象とした学校である限り、たとえば視覚障害児に対する点字の指導や歩行指導など、障害に特有の指導内容が存在し、教育課程において重要な位置づけを持っていた。しかし、それに該当する枠組みが学習指導要領に設定されていないため、障害に特有の指導内容は、聴覚障害教育における「律唱」（小学校では音楽に相当）、肢体不自由教育における「体育・機能訓練」、病弱教育における「養護・体育」のように通常の学校の教科をベースにして設定された特有の教科の中で扱われるか、各教科の目標は同じであるとしつつ留意事項という形で、視覚障害教育の点字は国語、歩行指導は体育、聴覚障害教育の読話は国語等々、さまざまな教科の中に分散して配置されていた。

b 第3期

第3期において、すべての障害種別について小学部、中学部、高等部の学習指導要領がそろった。しかし、幼稚部教育要領はまだ公示されていない。第3期では、「養護・訓練」と知的障害教育における「生活科」の新設が特筆される。

障害に対応した特有の教科を設定していても他の教科にも指導内容を散在せざるをえなかったし、障害に特有の指導内容の散在は系統的な指導を困難にし

表3－1　特別支援学校

	第1期			第2期	第3期
幼稚園	保育要領 1948(昭23)年3月公表 1948(昭23)年4月実施	幼稚園教育要領 1956(昭31)年2月公表 1956(昭31)年4月実施		幼稚園教育要領 1964(昭39)年3月告示 1964(昭39)年4月実施	
小学校	学習指導要領一般編(試案)※ 1947(昭22)年3月公表 1947(昭22)年4月実施	学習指導要領一般編(試案)※ 1951(昭26)年7月公表 1951(昭26)年度実施	小学校・中学校学習指導要領 1958(昭33)年10月告示 1961(昭36)年度実施		小学校学習指導要領 1968(昭43)年7月告示 1971(昭46)年4月実施
中学校					中学校学習指導要領 1969(昭44)年4月告示 1972(昭47)年4月実施
高等学校	新制高等学校の教科課程に関する件 1947(昭22)年4月公表 1948(昭23)年4月実施	高等学校学習指導要領一般編※※ 1955(昭30)年12月公表 1956(昭31)年4月実施	高等学校学習指導要領 1960(昭35)年10月告示 1963(昭38)年4月実施		高等学校学習指導要領 1970(昭45)年10月告示 1973(昭48)年4月実施(学年進行)
視覚障害		盲学校小学部・中学部学習指導要領一般編 1957(昭32)年3月通達 1957(昭32)年4月実施 盲学校高等部学習指導要領一般編 1960(昭35)年2月通達 1960(昭35)年4月実施	盲学校学習指導要領小学部編 1964(昭39)年3月告示 1964(昭39)年4月実施 盲学校学習指導要領中学部編 1965(昭40)年2月告示 1965(昭40)年4月実施 盲学校学習指導要領高等部編 1966(昭41)年3月告示 1966(昭41)年4月実施		盲学校小学部・中学部学習指導要領 1971(昭46)年3月告示 1971(昭46)年4月実施 (小学部) 1972(昭47)年4月実施 盲学校高等部学習指導要領 1972(昭47)年10月告示 1973(昭48)年4月実施
聴覚障害		聾学校小学部・中学部学習指導要領一般編 1957(昭32)年3月通達 1957(昭32)年4月実施 聾学校高等部学習指導要領一般編 1960(昭35)年2月通達 1960(昭35)年4月実施	聾学校学習指導要領小学部編 1964(昭39)年3月告示 1964(昭39)年4月実施 聾学校学習指導要領中学部編 1965(昭40)年2月告示 1965(昭40)年4月実施 聾学校学習指導要領高等部編 1966(昭41)年3月告示 1966(昭41)年4月実施		聾学校小学部・中学部学習指導要領 (告示・実施は盲学校小学部・中学部に同じ) 聾学校高等部学習指導要領 (告示・実施は盲学校高等部に同じ)
知的障害			養護学校小学部・中学部学習指導要領精神薄弱教育編 1963(昭38)年3月通達 1963(昭38)年4月実施		養護学校(精神薄弱教育)小学部・中学部学習指導要領 (告示・実施は盲学校に同じ) 養護学校(精神薄弱教育)高等部学習指導要領 (告示・実施は盲学校に同じ)
肢体不自由			養護学校小学部学習指導要領肢体不自由教育編 1963(昭38)年2月通達 1963(昭38)年4月実施 養護学校中学部学習指導要領肢体不自由教育編 1964(昭39)年3月通達 1964(昭39)年4月実施		養護学校(肢体不自由教育)小学部・中学部学習指導要領 (告示・実施は盲学校に同じ) 養護学校(肢体不自由教育)高等部学習指導要領 (告示・実施は盲学校高等部に同じ)
病弱			養護学校小学部学習指導要領病弱教育編 1963(昭38)年2月通達 1963(昭38)年4月実施 養護学校中学部学習指導要領病弱教育編 1964(昭39)年3月通達 1964(昭39)年4月実施		養護学校(病弱教育)小学部・中学部学習指導要領 (告示・実施は盲学校小学部・中学部に同じ) 養護学校(病弱教育)高等部学習指導要領 (告示・実施は盲学校高等部に同じ)

※学習指導要領一般編とは別に各教科ごとに学習指導要領○○科編(試案)が発表されている。
※※(試案)や手引きとは異なり、教育課程の基準として示された。同時期に小学校(1955(昭30)年12月公表)中学校(1956(昭31)年2月公表)高等学校(1955(昭30)年12月公表)の学習指導要領のうち社会科編の改訂が行われているが、同様に教育課程の基準として出された。
　なお、この表の特殊教育諸学校における第4期までについては、細村迪夫編著『心身障害児の教育課程』福村出版、1983、pp.21-22を参考にした。
　2003(平15)年12月に小学校学習指導要領、中学校学習指導要領、高等学校学習指導要領、盲学校・聾学校及び養護学校学習指導要領の一部改訂が行われている。

学習指導要領の変遷

	第4期	第5期	第6期	第7期	第8期
		幼稚園教育要領 1989(平元)年3月告示 1990(平2)年4月実施	幼稚園教育要領 1998(平10)年12月告示 2000(平12)年4月実施	幼稚園教育要領 2008(平20)年3月告示 2009(平21)年4月実施	幼稚園教育要領 2017(平29)年3月告示 2018(平30)年4月実施
	小学校学習指導要領 1977(昭52)年7月告示 1980(昭55)年4月実施	小学校学習指導要領 1989(平元)年3月告示 1992(平4)年4月実施	小学校学習指導要領 1998(平10)年12月告示 2002(平14)年4月実施	小学校学習指導要領 2008(平20)年3月告示 2011(平23)年4月実施	小学校学習指導要領 2017(平29)年3月告示 2020(令2)年4月実施
	中学校学習指導要領 1977(昭52)年7月告示 1981(昭56)年4月実施	中学校学習指導要領 1989(平元)年3月告示 1992(平4)年4月実施	中学校学習指導要領 1998(平10)年12月告示 2002(平14)年4月実施	中学校学習指導要領 2008(平20)年3月告示 2012(平24)年4月実施	中学校学習指導要領 2017(平29)年3月告示 2021(令3)年4月実施
	高等学校学習指導要領 1978(昭53)年8月告示 1982(昭57)年4月実施 (学年進行)	高等学校学習指導要領 1989(平元)年3月告示 1994(平6)年4月実施 (学年進行)	高等学校学習指導要領 1999(平11)年3月告示 2003(平15)年4月実施 (学年進行)	高等学校学習指導要領 2009(平21)年3月告示 2013(平25)年4月実施 (学年進行)	高等学校学習指導要領 2018(平30)年3月告示 2022(令4)年4月実施 (学年進行)
		盲学校,聾学校及び養護学校 幼稚部教育要領 1989(平元)年10月告示 1990(平2)年4月実施	盲学校,聾学校及び養護学校 幼稚部教育要領 1999(平11)年3月告示 2000(平12)年4月実施	特別支援学校幼稚部 教育要領 2009(平21)年3月告示 2009(平21)年4月実施	特別支援学校幼稚部 教育要領 2017(平29)年3月告示 2018(平30)年4月実施
	盲学校,聾学校及び養護学校 小学部・中学部学習指導要領 1979(昭54)年7月告示 1980(昭55)年4月実施 (小学部) 1981(昭56)年4月実施 (中学部)	盲学校,聾学校及び養護学校 小学部・中学部学習指導要領 1989(平元)年10月告示 1992(平4)年4月実施 (小学部) 1993(平5)年4月実施 (中学部)	盲学校,聾学校及び養護学校 小学部・中学部学習指導要領 1999(平11)年3月告示 2002(平14)年4月実施	特別支援学校小学部・ 中学部学習指導要領 2009(平21)年3月告示 2011(平23)年4月実施 (小学部) 2012(平24)年4月実施 (中学部)	特別支援学校小学部・ 中学部学習指導要領 2017(平29)年3月告示 2020(令2)年4月実施 (小学部) 2021(令3)年4月実施 (中学部)
	盲学校,聾学校及び養護学校 高等部学習指導要領 1979(昭54)年7月告示 1982(昭57)年4月実施 (学年進行)	盲学校,聾学校及び養護学校 高等部学習指導要領 1989(平元)年10月告示 1994(平6)年4月実施 (学年進行)	盲学校,聾学校及び養護学校 高等部学習指導要領 1999(平11)年3月告示 2003(平15)年4月実施 (学年進行)	特別支援学校高等部 学習指導要領 2009(平21)年3月告示 2013(平25)年4月実施 (学年進行)	特別支援学校高等部 学習指導要領 2019(平31)年2月告示 2022(令4)年4月実施 (学年進行)

ていた。そこで，障害に特有の指導内容を統合して「養護・訓練」という領域を新設することになった。「養護・訓練」は，盲・聾・養護学校に共通する指導領域として設定され，「児童又は生徒の心身の状態を改善し，又は克服するために必要な知識，技能，態度及び習慣を養い，もって心身の調和的発達の基盤を培う」という目標，心身の適応，感覚機能の向上，運動能力の向上，意思の伝達という内容の区分とそれぞれの下位項目も共通であったが，「指導計画の作成と内容の取り扱い」においては，取り扱うべき内容が障害種別に示されていた。

各教科に散在していた障害に特有の指導内容が養護・訓練に移動したことに伴い，目的①に対応する教育目標が，「小学部においては，学校教育法第18条各号に掲げる教育目標」すなわち小学校の教育目標に変更され，各教科の目標・内容は小学校等と「同じ」になった。目的②に対応する教育目標は，知的障害を除いて，「○○障害に基づく種々の困難を克服するために必要な知識，技能，態度および習慣を養う」になった。盲学校でいえば，小学校の教育目標と「視覚障害に基づく種々の困難を克服するために必要な知識，技能，態度及び習慣を養うこと」を合わせたものが盲学校の教育目標となったのである。「各教科に関する指導計画の作成と各学年にわたる内容の取り扱い」において，障害種別に教科ごとの指導の留意点が示されるという構成は前期を引き継いでいた。

知的障害教育において生活科が新設されたのもこのときである。第2期の学習指導要領では，他の障害と同様，知的障害教育においても教育課程の枠組みは小学校とまったく同じであった。知的障害教育において，身辺処理を含めた基本的生活習慣にかかわる事項など，通常に発達している子どもであれば就学前に獲得している能力の獲得は重要な課題であるにもかかわらず，指導領域が設定されていなかったのである。それらの事項は，やむなくさまざまな教科の中に散在する形で指導されてきた。そもそも学習指導要領作成に際して，当初，教科を廃し，生活，言語，数量，情操，健康，生産のような領域で教育課程を編成すべきという主張が強かったが，最終的には小学校等と同じ枠組みになったという経緯がある。教科に散在させることには最初から無理があったといえなくもない。

教科に散在する指導内容を統合し，系統的に指導するという発想は同じであっても，知的障害教育においては，合わせて授業を行う際の中心教科としての生活科を新設したのである。しかし，障害児教育の共通性という観点から知的障害教育にも「養護・訓練」が新設されることになり，他の障害を併せ持つ児童生徒に対する指導内容と理解された。なお，知的障害学校における教育目標は独自のものが掲げられており，目的①②には対応していない。

　この期の改訂において，障害児教育の独自性が「養護・訓練」にあることが明確になり，「養護・訓練」の新設により各教科等における通常の学校との共通性が確保されることになった。しかし，知的障害教育については，「生活科」が新設されたこと，他の障害における「養護・訓練」の授業時数が年間105時間を標準としたのに対し，「適切に定める」とされたことから通常の学校や他の障害児教育との違いを明確にすることになった。

c　第4期

　1979（昭和54）年の改訂では，これまで障害種別の学校ごとに作成されてきた学習指導要領が，盲学校，聾学校及び養護学校学習指導要領として一本化され，知的障害を含むすべての学校において目的①は通常の学校の教育目標，目的②は「児童及び生徒の心身の障害に基づく種々の困難を克服するために必要な知識，技能，態度及び習慣を養うこと」と共通となった。

　「養護・訓練」は，「指導計画の作成と内容の取り扱い」において，心身の障害の状態，発達段階及び経験の程度に応じて，それぞれに必要とする内容を相互に関連づけて具体的な事項を選定すること，個別にその指導の方法を適切に定めることが明記され，障害の種別ではなく，個人に応じて内容が設定されることとなった。

　教科においても，「各教科における指導計画の作成と各学年にわたる内容の取扱い」において，前期までの教科別，障害種別の留意事項がなくなり，全教科にわたる全体的な配慮事項のみが障害種別に示されることになった。各教科における小学校等との共通性がより明確になった（知的障害を除く）。

　この期の改訂によって障害児教育としての共通性，通常学校との共通性がより一層強まり，以降はこの観点からの大きな改訂はない。

d 第5期以降

第5期において幼稚部教育要領が告示され，すべての障害種別について幼稚部から高等部までの学習指導要領・教育要領がそろった。知的障害における教科が段階別に示されることになった。小学校第1，2学年において「生活科」が新設され，知的障害独自の教科ではなくなったが，教科の性格は維持された。第6期は「養護・訓練」が「自立活動」に改訂され，目標も「個々の児童又は生徒が自立を目指し，障害に基づく種々の困難を主体的に改善・克服するために必要な知識，技能，態度及び習慣を養い，もって心身の調和的発達の基盤を培う」と変更された。第7期は「自立活動」の目標における「障害に基づく種々の困難」が「障害による学習上又は生活上の困難」と改められた。

3 特別支援学校の教育課程

a 教育課程の構造と授業時数

視覚障害，聴覚障害，肢体不自由，病弱の特別支援学校における教育課程の構造は通常の学校の教育課程に自立活動を加えたものである。通常の学校の教育課程の部分においては，各教科，各領域の目標，内容は同じであるが，授業時数については扱いが異なる。

表3-2は中学部の教育課程の構造と授業時数を中学校と対照したものである。中学校においては各教科・領域ごとの授業時数と総授業時数が標準として規定されているが，中学部においては総授業時数のみが規定され，各教科・領域の欄は空欄になっている。この空欄は学校が独自に定めることになっている。この考え方は小学部にも同じく適用される。

特別支援学校の教育課程には自立活動を加えるが，児童生徒の過重負担を防ぐために総授業時数は小・中学校と同じにするという考え方である。同じ総授業時間数の範囲内で通常学校の教育課程部分と自立活動の授業時数を配分しなければならないということは，結果として通常学校部分の授業時数の減少をもたらすことになろう。そのため，特別支援学校における教科等の指導は，小・中学校より少ない授業時数で同じ効果をあげることが求められており，特別支援学校の教師には，教科内容の精選や教育方法の工夫によってこの要求に応えう

表3-2 中学校と中学部における教育課程の構造と授業時数

中学校の標準授業時数		第1学年	第2学年	第3学年
各教科の授業時数	国　語	140	140	105
	社　会	105	105	140
	数　学	140	105	140
	理　科	105	140	140
	音　楽	45	35	35
	美　術	45	35	35
	保健体育	105	105	105
	技術・家庭	70	70	35
	外国語	140	140	140
特別の教科である道徳の授業時数		35	35	35
総合的な学習の時間の授業時数		50	70	70
特別活動の授業時数		35	35	35
総　授　業　時　数		1015	1015	1015
選択教科				

特別支援学校中学部（知的障害を除く）の授業時数		第1学年	第2学年	第3学年
各教科の授業時数	国　語			
	社　会			
	数　学			
	理　科			
	音　楽			
	美　術			
	保健体育			
	技術・家庭			
	外国語			
特別の教科である道徳の授業時数				
総合的な学習の時間の授業時数				
特別活動の授業時数				
自立活動の授業時数				
総　授　業　時　数		1015	1015	1015
選択教科				

る指導力が求められている。なお，学校教育法施行規則第130条には，特別支援学校では小学部から高等部までを通して教科・科目を合わせた授業ができるという規定があり，この活用も工夫の1つであろう。

　知的障害特別支援学校における授業時数の取り扱いは他の特別支援学校と同様であるが，教育課程の構造は通常の学校と少々異なる。

　図3-1は知的障害特別支援学校小学部の教育課程の構造を小学校と比較したものである。小学校の履修学年でいえば，小学部全体が小学校の低学年（第1学年と第2学年）の構造に自立活動を加えた形であり，外国語活動と総合的な学習の時間は設定されない。外国語活動については，必要があれば，第3学年以上の児童が履修することが可能となっている。

　知的障害特別支援学校中学部の教育課程は中学校の教育課程に自立活動を加えたものであるが，中学校の技術・家庭が職業・家庭に変更され，中学校では必修となっている外国語が選択科目に位置づけられている。なお，中学校において選択科目を履修する場合は標準総授業時数に算定しないことになっているが，知的障害特別支援学校における外国語は選択科目であるにもかかわらず，設定する場合は標準総授業時数に参入することとされ，授業時数の点では必修

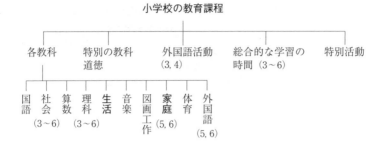

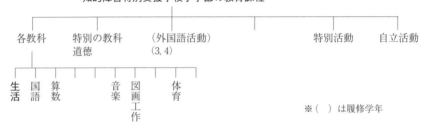

図3-1 小学校と知的障害特別支援学校小学部の教育課程

科目扱いとなる。

　知的障害特別支援学校高等部の教育課程の特徴は，高等学校には領域として設定されない特別の教科としての道徳が設置されていること，高等学校の各教科・各科目の構成に対して教科のみの構成であることである。教科は各学科に共通する教科，専門学科に開設される教科，学校設定教科に分類される。共通する教科は国語，社会，数学，理科，音楽，美術，保健体育，職業，家庭（ここまで必修），外国語，情報（ここまで選択）であり，専門教科は，家政，農業，工業，流通・サービス，福祉である。なお，高等学校と他の障害における高等部の教科・科目は修了認定を単位で規定するが，知的障害特別支援学校の高等部においては授業時数で規定している。

b　知的障害特別支援学校における教科

　知的障害という障害の特性によって，教科名が同じであっても内容や取り扱いが通常の学校とは異なる。小学校等の学習指導要領には教科内容が学年別に

表3−3 小学校・知的障害特別支援学校の生活科の内容

小学校		知的障害		
学校・家庭及び地域の生活に関する内容	(1)学校と生活	基本的生活習慣に関する内容	ア	基本的生活習慣
	(2)家庭と生活		イ	安全
	(3)地域と生活		ウ	日課・予定
身近な人々、社会及び自然とかかわる活動に関する内容	(4)公共物や公共施設の利用	生活や家庭に関する内容	エ	遊び
	(5)季節の変化と生活		オ	人との関わり
	(6)自然や物を使った遊び		カ	役割
	(7)動植物の飼育・栽培		キ	手伝い・仕事
	(8)生活や出来事の伝え合い		ク	金銭の扱い
自分自身の生活や成長に関する内容	(9)自分の成長	社会及び理科に関する内容	中学部社会につながる内容	ケ きまり コ 社会の仕組みと公共施設
			中学部理科につながる内容	サ 生命・自然 シ ものの仕組みと働き

示されているが,知的障害の教科は段階別に示されている。義務教育段階は小学部に3段階,中学部2段階の5段階である。高等部は2段階で示されている。

学年別に示される場合,すべての子どもが,学習指導要領に示すその子どもの属する学年の,すべての内容を学習することが求められている。原則として同じ学年の子どもはまったく同じ内容を学習するのである。段階別に示される場合は,すべての子どもが,学習指導要領に示すすべての観点にわたって(国語科でいえば,話す・聞く,読む,書くの区分のすべてにわたって)学習することが求められるが,観点の中の内容は段階として示された中から個々の子どもに適切な内容を学習することになる。同じ学年だからといって同じ内容の学習ではなく,「○君の国語の△は第2段階」等の総和が○君の教育課程になるのである。しかし,学習指導要領レベルでの教科内容の総数は同じである。

従来,教科の目標や内容構成の区分は通常の学校とは異なる表記であったが,今回の学習指導要領では,生活科を除き,通常の学校との近似性が高まり,ほとんど同じになった。生活科は,目標においてはほぼ共通であるが,内容構成区分は表3−3に示すような違いがある。

c 自立活動

自立活動は,健康の保持,心理的な安定,人間関係の形成,環境の把握,身体の動き,コミュニケーションの6区分に27項目が示されている。

示された項目は，幼稚部から高等部までのすべての部に共通し，発達をもとにした系統は示されていない。自立活動の指導内容は学年や障害の種別によって自動的に決まるものではなく，示された内容の中から子ども個々のニーズに応じて必要なものだけが選定されるからである。教科のようにすべての内容や観点を学習するのではなく，指導内容の総数も一人ひとり異なる。なお，学習指導要領に内容の系統が示されていないことと指導の系統性は別であり，1人の児童生徒に必要な指導内容については，系統性が求められることに留意したい。

d 履修の原則と特例

教科等の履修の原則は，自立活動を除き，すべての児童生徒がすべての内容・観点を学習することであるが，特別支援学校には，障害や個人差に応じたさまざまな工夫が認められている。その全体を表3－4，表3－5に示した。履修の原則には学年，段階にかかわってすでに述べたことと，国語の内容は国語の時間で学ぶという教科別の授業の原則がある。学年・段階に示す内容を達成した児童生徒については，学習指導要領に示していない内容の学習が可能である（目標・内容の例外1）。履修の原則を履行することが困難な場合には，表3－5における学習指導要領1, 3～6に示すような対応が可能である。なお，自立活動を主として指導を行う場合，道徳科と特別活動のすべてを自立活動に替えることはできないこと，さらには，中学部において小学部の目標・内容に替える際，教科名を替えることはできないことに留意しなければならない。表には示されていないが，高等部における対応も基本的には同じである。高等部

表3－4 履修の原則と特例

	小学校	中学校	知的障害以外の特別支援学校小・中学部	知的障害特別支援学校
目標・内容の例外1	加えて指導することができる			重複障害者等に関する教育課程の取り扱い（学習指導要領）2
教育課程の原則	その学年に属するすべての子どもに学習指導要領に示すその学年のすべての内容を指導する			すべての子どもに学習指導要領に示すすべての内容区分を指導する
目標・内容の例外2			重複障害者等に関する教育課程の取り扱い（学習指導要領）1, 3～6	
方法の特例	学校教育法施行規則第53条		学校教育法施行規則第130条	
			学校教育法施行規則第130条2	

表3−5　重複障害者等に関する教育課程の取り扱い

学校教育法施行規則	第百三十条　特別支援学校の小学部、中学部又は高等部においては、特に必要がある場合には、第百二十六条から第百二十八条までに規定する各教科（次項において「各教科」という。）又は別表第三及び別表第五に定める各教科に属する科目の全部若しくは一部について、合わせて授業を行うことができる。 ２　特別支援学校の小学部、中学部又は高等部においては、知的障害者である児童若しくは生徒又は複数の種類の障害を併せ有する児童若しくは生徒を教育する場合において特に必要があるときは、各教科、道徳、外国語活動、特別活動及び自立活動の全部又は一部について、合わせて授業を行うことができる。
学習指導要領	1　児童又は生徒の障害の状態により特に必要がある場合には、次に示すところによるものとする。その際、各教科、道徳、外国語活動及び特別活動の目標及び内容に関する事項の一部を取り扱わないことができること。 (1) 各教科及び外国語活動の目標及び内容の一部を取り扱わないことができること。 (2) 各教科の目標及び内容の一部を、当該各学年より前の各学年の目標及び内容の一部又は全部によって、替えることができること。また、道徳の各学年の内容の一部を前の学年の内容の一部又は全部によって、替えることができること。 (3) 視覚障害者、聴覚障害者、肢体不自由者又は病弱者である児童又は生徒に対する教育を行う特別支援学校の小学部の児童については、外国語活動の目標及び内容の一部を取り入れることができること。 (4) 知的障害者である児童又は生徒に対する教育を行う特別支援学校の各段階、小学部の各学年、中学部の各学年又は中学部の各教科及び道徳の目標及び内容に関する事項の一部を、当該各教科等に相当する小学部・中学部の各教科、道徳、外国語活動若しくは総合的な学習の時間の目標及び内容の一部又は全部によって、替えることができること。 (5) 幼稚部教育要領に示す各領域のねらい及び内容の一部を取り入れることができること。 2　知的障害者である児童又は生徒に対する教育を行う特別支援学校の小学部、中学部の2段階に示す各教科又は各教科の内容の3段階に示す内容を習得し目標を達成している者については、当該各教科に相当する学校教育法施行規則第百二十六条第2項及び第百二十七条第2項に規定する中学校学習指導要領第2章並びに小学校学習指導要領第2章に示す各教科及び外国語活動の目標及び内容の一部を取り入れることができること。 3　視覚障害者、聴覚障害者、肢体不自由者又は病弱者である児童又は生徒のうち、知的障害を併せ有する者については、各教科又は各教科の目標及び内容に関する事項の一部を第4章第2節第2款に示す知的障害者である児童又は生徒に対する教育を行う特別支援学校の各教科の目標及び内容の一部又は全部によって、替えることができるものとする。したがって、この場合、小学部の児童については、外国語活動及び総合的な学習の時間を、中学部の生徒については、外国語科を設けないことができるものとする。 4　重複障害者のうち、障害の状態により特に必要がある場合には、各教科、道徳、外国語活動若しくは特別活動の目標及び内容に関する事項の一部又は各教科、外国語活動若しくは総合的な学習の時間に替えて、自立活動を主として指導を行うことができるものとする。 5　障害のため通学して教育を受けることが困難な児童又は生徒に対して教員を派遣して教育を行う場合については、上記1から4に示すところによることができるものとする。 6　重複障害者、療養中の児童及び生徒について、特に必要がある場合には、実情に応じた授業時数を適切に定めるものとする。

表3−6 領域・教科を合わせた教育課程の例

A 特別支援学校中学部の教育課程・授業時数

		第1学年	第2学年	第3学年
各教科等を合わせた授業の授業時数	日常生活の指導			
	生活単元学習			
	作業学習			
総合的な学習の時間の授業時数				
総 授 業 時 数		1015	1015	1015

B 特別支援学校中学部の教育課程・授業時数

		第1学年	第2学年	第3学年
各教科等を合わせた授業の授業時数	日常生活の指導			
	生活単元学習			
	作業学習			
教科別の授業時数	国　　語			
	数　　学			
総合的な学習の時間の授業時数				
自立活動の授業時数				
総 授 業 時 数		1015	1015	1015

の場合，中学部，小学部の各教科の目的・内容の一部によって替えることができること（全部はできない），幼稚部教育要領に示すねらい・内容の一部を取り入れることができないことに違いがみられる。

　教育方法の特例によって，教科を合わせた授業や領域・教科を合わせた授業が可能である。小学校では一部の教科を合わせることが可能であるが，特別支援学校においては小学部から高等部まですべての教科を合わせることも可能である。領域・教科を合わせた授業は知的障害特別支援学校と他の特別支援学校に在籍する重複障害のある児童生徒が対象である。

　知的障害特別支援学校においては，従来から日常生活の指導，遊びの指導，生活単元学習，作業学習など，生活に即した授業が行われている。小学校等のように教科別領域別に指導することも可能であるが，表3−6に示すように，総合的な学習の時間を除きすべての教科・領域を合わせた指導や一部の教科は教科別に指導するが他の教科は合わせて指導するように教科別と領域・教科を合わせた指導の組み合わせなど，多様な指導形態を工夫することが可能である。

　教科等を合わせた授業を行う場合，総合的な学習の時間は合わせることができないことに留意しなければならない。しかし，このことについては教育課程論的には疑念も残る。国レベルでは，総合的な学習の時間の内容は設定されて

いないので合わせることができないとしても，学校レベルでは具体的な内容を設定しており，合わせることは可能であるからである。

e 個別の指導計画

知的障害教育における教科の段階という考え方は，同じ学年であっても学習内容は個々に異なるということであり，自立活動の履修の考え方も個々に学習内容が異なることを前提としている。さらに，教育課程論的にいえば，特別支援学校は，履修の原則の履行が困難な児童生徒のためにあるといっても過言ではない。したがって，特別支援学校においては，すべての領域・教科において個別の指導計画の作成が義務づけられている。このように捉えると，個別の指導計画は教育内容の明確化が中心といえる。

4 特別支援学級と通級による指導における教育課程

学校教育法施行規則において特別支援学級と通級による指導は特別の教育課程によることができると規定され（第138条，第140条），学習指導要領において特別支援学級については，自立活動を取り入れること，履修の例外を適用するなど実態に応じた教育課程を編成することが求められている。ただし，特別支援学級はあくまでも小学校，中学校の一学級であり，小学校，中学校の目的・目標を達成することが求められる。なお，特別支援学校同様，文部科学省の著作あるいは検定教科書以外の教科用図書を使用することができる（学校教育法附則第9条，学校教育法施行規則第139条）。

通級による指導においては，自立活動を参考にし，具体的な目標や内容を定めなければならない。標準の指導時間は年間35時間（週に1時間）〜280時間（週に8時間），学習障害児と注意欠陥多動性障害児の場合は年間10時間（月1時間）〜280時間とされている。なお，特に必要があるときは障害の状態に応じて各教科の内容を取り扱いながら行うこともできるとされている。

■参考文献

1) 加藤幸次編：教育課程編成論　玉川大学出版会　2010

2）文部省：生活科指導の手引　慶應通信　1974
3）文部科学省：特別支援学校幼稚部教育要領小学部・中学部学習指導要領　2017（平成 29 年）［過去の学習指導要領については https://www.nier.go.jp/guideline/ 所収の学習指導要領を参考にした］
4）文部科学省：特別支援学校教育要領・学習指導要領解説総則編（幼稚部・小学部・中学部）　2018（平成 30 年）
5）文部科学省：特別支援学校学習指導要領解説各教科編（小学部・中学部）　2018（平成 30 年）

4章　海外の特別支援教育

1　はじめに

　わが国では，2007（平成19）年4月に，特殊教育から特別支援教育になり，教育制度に大きな転換があった。このような新たな制度の構想，そして具体的な検討には，少なからず海外の影響がある。海外で提言された理念や法令，教育実践を踏まえ，わが国独自の教育とその在り方をつくりあげてきたのである。本章では，まず，特別支援教育に特に影響を及ぼしたと考えられる理念を整理する。次に，北欧に焦点を当て，海外における特別支援教育の動向を紹介する。

2　日本の特別支援教育に影響した理念

a　イギリスのウォーノック報告書と教育的ニーズ

　前章までに言及してきたように，特別支援教育は，障害のある幼児児童生徒の自立や社会参加に向けた主体的な取組を支援するという視点に立ち，幼児児童生徒一人ひとりの教育的ニーズを把握し，その持てる力を高め，生活や学習上の困難を改善または克服するため，適切な指導および必要な支援を行うものである。従来の特殊教育が障害の種別や程度を基準とし特殊教育諸学校や特殊学級で障害児を対象に手厚い教育を行っていたのに対し，特別支援教育では，発達障害を含めたより多くの子どもたち「一人ひとりの教育的ニーズ」に対応した教育を行うことをねらいとしている。

　この「教育的ニーズ」という概念は，1978年にウォーノック（Warnock, M.）を議長とする障害児の教育調査委員会の報告書，ウォーノック報告書（Warnock Report）が提案した「特別な教育的ニーズ（Special Educational Needs：SEN）」に由来している[5]。同報告書では，一人ひとりの子どもが必要としている教育は，障害の有無や分類によって明確に区分されるものではなく連続的なものであるべきだとし，学習の困難さと教育的措置による観点から特

別な教育的ニーズを検討することが示された。ウォーノック報告書で提言された「特別な教育的ニーズ」や「一人ひとりの教育的ニーズ」は，イギリス国内においても，そしてわが国のみならず世界のいろいろな国にとっても新たな教育学的観点であった。特別な教育的ニーズという新しい概念は，イギリスにおいて1981年教育法（Education Act 1981）の中に位置づけられ，1993年と1996年の同法の改定を経て，2001年特別な教育的ニーズ・障害法（Special Educational Needs and Disability Act 2001）として引き継がれている。

b　アメリカ合衆国の全障害児教育法と個別教育計画

　わが国で特別支援教育制度が導入された2007（平成19）年の「特別支援教育について（通知）」の中で，特別支援教育を行うための体制の整備及び必要な取り組みとして，関係機関との連携を図った個別の教育支援計画の策定と活用，及び，個別の指導計画の作成が学校に求められた。個別の指導計画については，わが国のみならず多くの国々でさまざまな書式で作成されているところであるが，国際的に影響を及ぼした法律として，アメリカ合衆国の1975年全障害児教育法（Education for All Handicapped Children Act）を挙げることができる。全障害児教育法が制定される以前のアメリカでは，障害児の教育的ニーズが満たされていないことが社会的課題であり，加えて障害児のうち公教育から排除されている者がいることや教育制度を整備するための各州における教育財政が不十分であること等が問題として浮き彫りになっていた。

　全障害児教育法は，国内のこのような状況を打開し，障害児教育の整備を大きく前進させた法律で，同法制定によって6歳から21歳までのすべての障害児に無償で適切な公教育を提供しなければならないとされた。同法は，補助金支給対象として，州や教育当局に条件を付しているが，第602条では個別教育計画（Individualized Education Program：IEP）が規定された。同法によれば，個別教育計画は個々の障害児に作成される文書で，そこには，①子どもの現在の発達状況，②長期（年間）目標，③短期目標，④特別な教育と関連サービス，⑤健常児と一緒に教育を受ける時間の割合，⑥サービスの開始予定日とサービスの期間，⑦教育目標が達成されているか否かを最低年1回確定するための客観的な基準と評価手続き及びその実施計画などが盛り込まれるとされ

た[2]。

　1975年全障害児教育法は，1990年障害者教育法（Individuals with Disabilities Education Act），2004年障害者教育改善法（Individuals with Disabilities Education Improvement Act：IDEA）と改定が重ねられ，現在に至っている。

c　デンマークの知的障害者法とノーマライゼーション

　ノーマライゼーションの考えがはじめて提起されたのはデンマークにおいてである。第二次大戦後も，デンマークやその他のヨーロッパ諸国では，多くの知的障害者や精神障害者は，人里離れた大規模な施設に収容されており，その生活は普通の暮らしとはかけ離れていた。知的障害者親の会はこのような体制の変革を求めて声を挙げ，デンマークの社会省知的障害者福祉課に勤めるバンク・ミケルセン（Bank-Mikkelsen, N.E.）は，親の会による願いを法改正に反映させるべく要望書を作成し，社会大臣に提出した。そして，「知的障害者の生活を可能な限り普通の状態に近づけるようにする」というノーマライゼーションの考えは1959年に制定された知的障害者法（Åndssvageloven, Lov nr. 192 af 5. juni 1959）の骨格となった。

　バンク・ミケルセンにより示されたノーマライゼーションの考えは，北欧全体で共有され，成熟し，理論を実現するための政策や実践へと結びついていった。教育分野においても，ノーマライゼーションの定義を実践に移すための試行が始まる。それは，ノーマライゼーションを教育の中で具現化しようとするインテグレーション（統合教育），すべての者のための学校，インクルージョンといったキーワードに象徴される教育目標に結びついた。そして，現在，北欧のいずれの国においてもインクルーシブ教育は自明の理であるが，北欧においてもまた他の多くの国々と同様に，教育や学校についての課題が山積している。各国は，それらの課題に向き合い，理想と現実の狭間で教育制度を整えてきた。それゆえ，同じ教育理念のもとにおいても，教育制度や特別支援教育の在り方はそれぞれで異なる。ここでは，海外の特別支援教育として，ノルウェー，スウェーデン，フィンランド，デンマークの北欧4か国を取り上げ，その動向をみていきたい。

3　北欧における特別支援教育の教育課程

a　ノルウェー

　北欧の中でも，インテグレーションを教育政策の中心に据えて改革を進めてきたのがノルウェーである。1975年に統合法（Integrarisloven opphevelse av spesialskoleloven：直訳では特別学校法の廃止による統合法）を制定し，分離された特別学校から，特別学校と通常学校を統合した学校と通常の教育制度の中で，すべての子どもたちを受け入れることを目指してきた。そして，1992年に国立特別学校が廃校となり，コンピテンスセンターとして機能するようになった。このようなすべての子どもたちのための学校づくりは，インクルーシブ教育に受け継がれ，通常学校における特別な支援を一層充実させることで，一人ひとりの子どもの特別なニーズに対応しようと試みられている。

　ノルウェーにおいて，義務教育期間は7（Barneskole）・3（Ungdomsskole）の10年間であり，基礎学校（Grunnskole）で行われる。義務教育期間は，1997年の教育改革（L97）で従来の9年より延長された。同改革では，平等が重視されると同時に子どもの多様性や一人ひとりのニーズが強調された。その後，2006年の改革（LK06）は「知識促進（Kunnskapsløftet）」と称され，新たな教育課程とその指針が提示されたが，この改革においては，子ども一人ひとりに適応した教育の在り方が検討された。

　特別な教育的支援として，通常学級での特別教育教員や補助員の加配，ティーム・ティーチング，特別な教育グループの編成，通常学校に設けられた特別学級での指導，市（Kommune）立教育心理研究所との連携がある。加えて，通常学校を中心にインクルーシブ教育を実践するための教育モデル（LPモデル：LP-modellen Læringsmiljø og Pædagogisk Analyse）や児童生徒が適切な行動を獲得するための指導法（PALSシステム：Positiv Atferd Støttende Læringsmiljø og Samhandling）の開発とその運用，全国4特別支援教育圏域におけるリソースネットワークの構築，必要性の高まりから設置されたリソースセンター機能を有する聴覚障害児のための学校（全国に2校）での全日またはパートタイムでの特別教育等がある。

就学前の幼児が過ごす場として，保育機能と幼児教育機能を備えたこども園（Barnehage：直訳でこども園）があり，多くの家庭では保護者の育児休業が終了した1歳から利用することが多く，2016年の統計値では1歳から5歳の幼児のうちの91％がこども園を利用している（Facts about education in Norway 2018）。こども園法（Lov om barnehager, LOV-2005-06-17-64）では「保育施設は，民主主義および平等を尊重し，あらゆる形の差別をも退けなくてはならない」（第1条）と規定され，義務教育と同様に，通常のこども園がすべての幼児を対象とする。北欧においては，一般的に，学年や学級ごとの集団による活動よりは，遊びや活動内容に応じた場や集団の設定が多いのが特徴である。特別な療育や支援が必要な子どもたちには，スウェーデンやフィンランドと同様に，職員の加配，少人数の編成，園外のリソースの活用を通して一人ひとりのニーズに向き合う。

b　スウェーデン

スウェーデンにおいてもノルウェーと同様に，1970年代にインテグレーションが教育改革に据えられた。その結果，肢体不自由と視覚障害を対象としている特別学校は廃校となり，通常の教育課程に統合された。他方，聴覚障害特別学校については，重度聴覚障害のある児童生徒の分教室を通常学校に設置する等の試行がなされたものの，特別学校としての存続を望む児童生徒と保護者，当事者の会の願いが尊重され，特別学校として運営が継続されることとなった。聴覚障害特別学校は全国に5校配置され，さらに重複障害特別学校として3校ある。また，知的障害の教育課程については，インテグレーションやインクルージョンの理念にもとづき議論を重ねながら，知的障害特別学校は存続させるものの，通常学校と併設する場の統合，知的障害特別学校に就学している児童生徒もできる限り併設の通常学校で学ぶインクルーシブ教育へと緩やかに進んできている。

スウェーデンの義務教育期間は1・6・3の10年間である。従来は6・3の9年間であったが，デンマーク，フィンランドに続き2018年8月より，任意であった就学前学級が義務制となった。知的障害特別学校は任意で10学年に残留することができ，聴覚障害特別学校は就学前学級の後，さらに10年間就学

し，結果として1・6・4の11年間の教育が保障される。

　スウェーデンでは，すべての児童生徒に個別発達計画を作成することで一人ひとりの教育的ニーズに応じる体制が敷かれている。特別な教育的支援として，学習障害や学校不適応の児童生徒に合わせて教育課程や評価を修正する補償教育，特別な教育的支援が必要である児童生徒のための評価法，より支援が必要な児童生徒の対応プログラムの作成と実践，特別な教育グループや個別指導が学校教育法（Skollag, 2010 nr 800）で規定され，教育課程を児童生徒の実態に合わせた形で運用できるような体制が整備されている。加えて，補助員や身体障害児のためのパーソナルアシスタント，特別教育教員，リソース学校の開設，ハビリテーションセンター（作業療法等）・病院（ことばの教室等）での教育機能の活用などが挙げられる。

　就学前の保育・幼児教育の施設は就学前学校（Förskolan）と称され，1996年以降教育省（Utbildningsdepartementet）の管轄にある。特別な教育的支援が必要な幼児は，職員の加配や小グループ編成，ハビリテーションセンターの活用などを通して，通常の就学前学校に通う。就学前学校が社会省（Socialdepartement）から教育省の管轄に移行し，教育機関になって以降，就学前学校における幼児教育は幼稚園指導要領に相当する教育課程の指針（Lpfö）に従い，計画・実践される。それまでの遊びに教育の目標やねらいが加えられ，ドキュメンテーション（活動を記録し子どもの学びの過程を視覚化する評価法）やポートフォリオで評価が行われる。ドキュメンテーションやポートフォリオは北欧諸国でも取り入れられ，多くの保育・幼児教育施設で目にすることがある。

c　フィンランド

　わが国では教育先進国として紹介されることも多いフィンランドは，1990年代までは分岐型の教育制度で，全国に国立・自治体立の特別学校が設置されていた。インクルーシブシステムが構築されたのは今世紀に入ってからで，地方分権化と通常学校の3段階支援の創設が大きく関与した。1993年教育・保健事業に関する包括的補助金制度の導入と1994年（学習指導要領に相当する）コア・カリキュラムの告示を通して，教育権限が市に相当する自治体

（Maakunta）と学校に移譲された。そして，地方分権化と1990年代におけるインクルージョンの国際的趨勢によって，特別な支援が必要な児童生徒についても通常学校で教育を行うことが志向された。国立特別学校はセンターとしての機能が中心となり，1980年代に全国に350以上あった自治体立特別学校は73校にまで減る（Statistic Finland 2018）と同時に，通常学校には特別な教育の支援体制が敷かれた。

　フィンランドの義務教育期間は1・6・3の10年間である。従来は6・3の9年間であったが，2015年8月より任意であった就学前学級が義務制となった。国民学校への移行がスムーズに行われるよう，就学前学級は学校もしくは幼稚園に設置されており，両者の教職員間で教育や支援のための連携が図られている。加えて，後述するデンマークと同様に，国民学校では任意で10年生に残留することができる。フィンランドとデンマークでは，後期中等教育機関として，高等学校と高等職業学校がある。日本の中学校に相当する国民学校高学年で，生徒は将来のキャリアとの関係性から進路の選択を考える時期を迎える。

　1994年コア・カリキュラムでは，必要なときに必要な教育を提供し，児童生徒の教育を支援する特別教育を充実させることが柱の1つであったが，2011年コア・カリキュラムでは段階的支援が全国的に導入され，2014年コア・カリキュラムでしっかりと位置づけられた。そのため，通常学校における特別な教育的支援としては，一時的な遅れや困難がみられた場合に補助教員が授業に加わるか補助的な指導が行われる一般支援，アセスメントをして学習計画のもとに少人数制授業や支援が行われる強化支援，特別な教育的支援の対象として判定を受け個別教育計画のもとに特別学級やグループで支援が行われる特別支援がある。強化支援と特別支援を受けている児童生徒の割合は，通常学校に就学する児童生徒のうちの約16.5％である（Statistic Finland 2017）。通常学校での段階的指導が困難な場合は，自治体立特別学校に就学する。2017年の統計によれば，4400名が自治体立特別学校に就学していた（通常学校就学児：53万9600名）。

　就学前は保育施設（Päivähoito）を利用することが多く，年少児の場合は保育ママや保育グループを利用することもある。障害のある幼児についても，ノルウェーやスウェーデンと同様に，通常の保育施設に通うが，特別な療育を必

要とする幼児を受け入れた場合，基本的には，そのグループやクラスの定員を減らすことで対応する．

d デンマーク

　デンマークは，わが国と同様に市（Kommune）が管理・運営する小・中学校と県（Amt）が管理・運営する特別学校の体制で教育を行ってきた．しかしながら，2007年の自治体改革で県は廃止され，県立特別学校は市立特別学校になった．同時期，インクルーシブ教育を全国的に推進する国の方針が打ち出された．その結果，特別学校を有しない市は近隣市の特別学校を利用し，特別学級や校内にリソース機能を設置するなど，全国それぞれの市が教育制度と設備を見直してきた．この見直しの中で，特別学校の数を減らす市も新たに特別学校を設置する市も出てきた．現在，国立特別学校は視覚障害のための1校で，センターとしての機能も有している．

　義務教育はスウェーデンやフィンランドと同様に1・6・3の10年間で，小・中学校に相当する国民学校（Folkskole）に就学する1年前から通う就学前学級は，2009年より義務制となり0年生として位置づけられている．フィンランドと同様に，国民学校には任意の10学年がある．10学年は，学力の不足を補充し，進路の選定にじっくりと向き合う期間として，生徒や保護者，学校に好意的に捉えられている．

　障害のある児童生徒の教育の場として，視覚障害特別学校，知的障害特別学校，重複障害特別学校，社会・情緒障害特別学校，特別学級，センタークラスと呼称される特別教育グループのある学校，通常学校または特別学校での個別指導が挙げられる．2007年以降，各市が必要性と地域性を検証しオリジナリティのある教育課程を編成してきた．そのため，家庭支援学級，観察学級，社会・情緒学級，職業学級，成長学級，読字学級など市によって特別学級には多様性がある．現在，特別な教育的支援の時間が週当たり9時間以上の場合であれば，特別教育対象児とみなされ，認定が必要である．9時間未満では，認定は必要とされず，校内のリソースを適宜利用した支援が行われる．障害に加え情緒面や家庭環境により特別な教育的支援やカウンセリングが必要な場合，市立教育心理研究所が学校と密に連携しながら行う．自治体改革以降，教育心理

研究所は機能を強化しており，学校に研究所職員を配属し，巡回を頻繁に行い，かつ，学校教職員の養成に力点を置くことで一校一校の支援力を高めることを目指している。

　0歳から2歳までは保育が，3歳から就学前学級までは幼児教育が提供され，多様な保育・幼児教育施設がある。管轄は健康省（Sundhedsældremnisteriet）である。2007年までは県に特別保育所（særlige dagtilbud）が設置され，わが国の発達支援センターのように療育と相談機能を備えていた。自治体改革後，特別保育所を活用して障害児への支援を行う市や，通常の保育・幼児教育施設で教育心理研究所による巡回を活用しながら支援を行う市など，それぞれの市によりさまざまな取り組みが行われている。

4　現代的課題と教育実践 ── 次世代の学校づくりのために

　教科指導，生徒指導，部活動指導を一体的に行う日本型学校教育は国際的にも高く評価されると同時に，さらなる対応が必要な課題も山積している。次世代の学校創設に向けては，多様な子どもたち一人ひとりの状況に応じた教育として，障害のある児童生徒の指導に加え，外国人児童生徒等の教育，貧困等に起因する学力課題の解消に向けた取り組みの強化，いじめ・不登校等の未然防止・早期対応の強化の必要性が示されている[4]。北欧においても，このような問題は顕在化し，これまで解決への取り組みが行われてきた。

　北欧ではこれまで移民の受け入れを積極的に行ってきたが，特にスウェーデンでは，総人口のうち外国籍者8.5％，外国出身者17.9％，両親が外国生まれで外国に背景のある者23.2％で，移民が人口に占める割合が高い（Statistic Sweden 2017）。このような状況の中，学校にはスウェーデン語が定着するまでの準備学級があり，母語教育が保障されている。学校は，児童生徒と家庭にスウェーデン文化を伝授し，必要な場合は通訳の利用を市に依頼する。加えて，移民者のためのスウェーデン語講座の開設，赤十字や大学等による移民者支援プロジェクト，職業訓練など，移民や外国籍など外国に背景のある者が地域で安定して暮らせるための施策が講じられてきたし，現在も支援や教育の実践が重ねられている。

貧困等に起因する学力課題は北欧においても顕著である。特に義務教育を修了し，高等学校や職業高等学校に進学する生徒に関しては，不登校や中退がニートや犯罪，貧困の連鎖に結びついているという議論も多い。フィンランドでは，2008年以来，後期中等教育における学校保健・福祉についての情報を収集し，2012年から2016年にかけて学校保健・福祉を積極的に促進してきた。国民学校で定着した生徒援護チームを高等学校と職業高等学校にも配置し，心理カウンセラー，スクールソーシャルワーカー，特別教育教員，キャリアカウンセラー，スクールナース等が教師と情報を交換しながらチームとして，生徒の心の問題やキャリア教育，家庭環境の調整のため，自治体と連携を図っている。

一方，いじめも北欧共通の教育課題であり，法整備や国家戦略を展開するなどで対応している。ノルウェーでは1982年にいじめにより3人が自殺し，翌年よりいじめ防止キャンペーンを繰り広げた。しかしながら，1990年代に一層社会問題化し，ベルゲン大学が中心となりオルヴェウスいじめ防止プログラムが全国的に推進されてきた。現在も，国から研究助成金を獲得し，プログラムは継続されている。しかしながら，いじめの根絶には困難が伴い，フィンランドでは，4年生から9年生（日本の中学3年生に相当する）までの児童生徒のうち8.1％が一時的か頻繁にいじめられた経験を持つとの報告がなされた[3]。近年，北欧各国では，いじめを被害者と加害者のみの視点では捉えず，いじめが起きやすい学級や学校の雰囲気をつくらないことや，傍観者をつくらないこと，相談できる体制の整備を，いじめの事例等を分析し，エビデンスを積み上げながら実践している。

教育制度や環境整備や教育への考え方，指導の在り方は，時代や社会の要請を反映し，常に改革を繰り返さなければならない。国際的な理念提起や海外での教育実践から学ぶことは多く，いろいろな国における教育動向の報告や教育実践の分析が望まれる。

■引用・参考文献

1) Hotulainen, R., Minkkinen, J., and Rimpelä, A.：Conduct problems, schoolwork difficulties, and being bullied: A follow-up among Finnish adolescents

International. Journal of School & Educational Psychology，6（4），2018
2）河合康：3章　海外の動向からの示唆とわが国の特別支援教育．石部元雄・柳本雄次編著：特別支援教育―理解と推進のために（改訂版）　福村出版　2011
3）文部科学省初等中等教育局長：特別支援教育の推進について（通知　19文科初第125号）　2007
4）文部科学省：次世代の学校指導体制の在り方について（最終まとめ）　次世代の学校指導体制強化のためのタスクフォース　2016
5）内閣府：平成22年度障害のある児童生徒の就学形態に関する国際比較調査報告書　2011
6）オルヴェウス，ダン：いじめ　こうすれば防げる　川島書店　1995
7）オルヴェウス，ダン：オルヴェウス・いじめ防止プログラム―学校と教師のみちしるべ　現代人文社　2013

5章　特別支援教育の将来展望

　今後の特別支援教育の方向性を示したのは，2012（平成24）年に中央教育審議会から出された「共生社会の形成に向けたインクルーシブ教育システム構築のための特別支援教育の推進（報告）」（以下「24年報告」と略称）である。「24年報告」では，「共生社会」とはこれまで必ずしも十分に社会参加できるような環境になかった障害者等が積極的に参加・貢献できる社会であるとし，その形成に向けて「障害者の権利条約」に基づくインクルーシブ教育システムの理念が重要であり，その構築のために特別支援教育を着実に進めていく必要があるとして，特別支援教育の位置づけを明確にした。そして，就学相談・就学決定の在り方，合理的配慮及びその基礎となる環境整備，多様な学びの場の整備と学校間連携等の推進，教職員の専門性の向上，について提言を行った。本章では，「24年報告」での柱を軸にして特別支援教育の将来展望を行う（就学相談・就学決定の在り方については2章30頁の2-aを参照）。

1　合理的配慮

a　「障害者の権利条約」と「合理的配慮」及び「基礎的環境整備」

　日本で特殊教育から特別支援教育への転換が検討されていた時期に，国際的には「障害者の権利条約」をめぐる動きが進んでいた。条約は2006（平成18）年12月に国連で採択され，2008（平成20）年5月に発効した。しかし，条約を批准するには，関係法令との整合性を図ることが急務であった。「障害者の権利条約」における主要な点は障害に基づく差別の禁止と「合理的配慮」の提供の2つであり，国は2011（平成23）年8月に「障害者基本法」を改正し，第4条でこの2点を明記し，教育に関しては第16条において規定がなされた。こうした動きを受けて，「24年報告」が出され，その中で，障害のある子どもが十分に教育を受けられるための「合理的配慮」とその基礎となる「基礎的環境整備」について言及がなされた。

「24年報告」では,「障害者の権利条約」の定義に照らして「合理的配慮」を,「障害のある子どもが,他の子どもと平等に『教育を受ける権利』を享有・行使することを確保するために,学校の設置者及び学校が必要かつ適当な変更・調整を行うことであり,障害のある子どもに対し,その状況に応じて,学校教育を受ける場合に個別に必要とされるもの」であり,「学校の設置者及び学校に対して,体制面,財政面において,均衡を失した又は過度の負担を課さないもの」とし,さらに「合理的配慮」の否定は,障害を理由とする差別に含まれることを明示した。「24年報告」では「合理的配慮」について,①教育内容・方法,②支援体制,③施設・設備の3つの観点から示した。今後はこうした観点を,個別の指導計画や個別の教育支援計画に明示して,教育的支援を行うことが求められる。

また,「合理的配慮」は個別に提供されるものであるが,その基礎として国・都道府県,市町村が行う環境整備を「24年報告」では「基礎的環境整備」と呼んでいる。「基礎的環境整備」は不特定の者に対する環境の整備であり,具体的には,①ネットワークの形成・連続性のある多様な学びの場,②専門性のある指導体制の確保,③個別の教育支援計画や個別の指導計画の作成等による指導,④教材の確保,⑤施設・設備の整備,⑥専門性のある教員,支援員等の人的配置,⑦個に応じた指導や学びの場の設定等による特別な指導,⑧交流及び共同学習の推進,が例示されている。「合理的配慮」はこれらの「基礎的環境整備」の状況により影響を受けることになるため,国や各自治体が積極的に「基礎的環境整備」の充実に向けて取り組んでいくことが期待される。

b 「障害者差別解消法」と「合理的配慮」

「障害者基本法」の改正などを通じて,「障害者の権利条約」の批准に向けての取り組みが進められる中,2013(平成25)年6月に「障害者差別解消法」が制定され,日本は翌2014(平成26)年に「障害者の権利条約」を批准した。「障害者差別解消法」は2016(平成28)年4月に施行され,障害を理由とした差別の禁止と「合理的配慮」の提供が,公立学校に対しては法的義務,私立学校については努力義務となった。「障害者差別解消法」については各所管事業分野が対応指針を示すことになっており,文部科学省は2015(平成27)年に

この指針を示した[8]。

指針によれば、「合理的配慮」の提供にあたっては、まず、本人・保護者への建設的対話を働きかけ、合意形成を行うことが重要となる。その際は、「障害者の権利条約」第24条第1項に規定されている、人間の多様性の尊重等の強化、障害者が精神的及び身体的な能力を最大限度まで発達させ、自由な社会に効果的に参加することを可能とするといった目的に合致するかどうかの観点から検討が行われなければならない。そして、個別の教育支援計画等に、その内容を明記することが求められる。また、「合理的配慮」の合意形成後も、一人ひとりの発達の程度、適応の状況等を勘案しながら柔軟に見直しを行うPDCAサイクルを確立する必要がある。そして、進学等の移行時においても途切れることのない一貫した支援を提供するため、個別の教育支援計画の引き継ぎ、学校間や関係機関も含めた情報交換等により、「合理的配慮」の引き継ぎを行うことが求められる。

「合理的配慮」は新しい概念ではあるが、これまで「支援」「援助」「サポート」等の名称で提供されてきた内容と類似するものも多い。重要な点は、今後の特別支援教育においては「合理的配慮」という用語を関係者の共通言語として、相互理解を図り、一人ひとりの教育的ニーズに対応していくことであろう。

2 連続性のある多様な学びの場における教育

「24年報告」では、障害のある子どもとない子どもが同じ場でともに学ぶことを追求するとともに、連続性のある「多様な学びの場」を用意する必要性を指摘している。また、「合理的配慮」の基礎となる「基礎的環境整備」の筆頭に多様な学びの場が挙げられている。そこで以下では、学びの場ごとに特別支援教育に転換した2007（平成19）年から2017（平成29）年までの推移（主に文部科学省の「特別支援教育資料」[6]による）に基づいて、今後の特別支援教育の方向性を検討する。

a 特別支援学校

特別支援学校が対象とする障害は従来の単一障害に加え複数種の障害も含ま

表 5－1 形態からみた特別支援学校数の推移

年度		2007 (平成19)	2008 (平成20)	2009 (平成21)	2010 (平成22)	2011 (平成23)	2012 (平成24)	2013 (平成25)	2014 (平成26)	2015 (平成27)	2016 (平成28)	2017 (平成29)
単一	視	71	70	68	65	66	66	65	65	63	63	62
	聴	102	99	98	93	91	91	90	88	87	86	86
	知	505	490	482	495	490	491	502	514	532	540	553
	肢	159	151	145	142	137	136	135	130	131	129	122
	病	78	74	70	65	63	63	63	63	61	58	57
複数種	視・知	0	0	1	2	1	1	1	1	1	1	2
	視・病	0	0	0	1	1	1	1	1	1	1	1
	聴・知	0	2	3	8	8	8	10	10	9	11	10
	知・肢	70	90	104	103	117	124	132	141	142	142	147
	知・病	8	9	13	14	14	13	13	13	14	15	14
	肢・病	11	13	17	16	17	20	19	23	25	26	30
	視・肢・病	0	0	0	1	1	1	1	1	1	1	1
	聴・知・肢	0	0	0	0	0	1	1	1	3	3	3
	聴・知・病	0	0	0	0	0	1	1	1	1	1	0
	知・肢・病	9	13	14	19	24	23	28	26	25	29	29
	聴・知・肢・病	0	1	1	2	1	1	1	1	1	1	2
	視・知・肢・病	0	0	0	0	0	0	0	0	0	0	1
	視・聴・知・肢	0	0	0	0	1	2	1	1	1	1	1
	視・聴・知・肢・病	0	14	14	13	16	16	16	16	16	17	14

れることになり，多様な形態の特別支援学校が生じることになった。表5－1に示すように，単一の障害を対象とする特別支援学校については知的障害以外の4障害は減少傾向にあり，今後も減少していくことが予想される。その一方で，知的障害のみを対象とする学校は増加しており，今後もこの傾向は続くと考えられる。

　複数の障害種を対象とする特別支援学校については，2017（平成29）年度は「知的障害＋肢体不自由」が最も多く，次いで「肢体不自由＋病弱」「知的障害＋肢体不自由＋病弱」となっている。また，全障害を対象とする特別支援学校も14校みられる。全体として，複数の障害種を対象とする特別支援学校

は2.6倍になっている。今後，地域の実情や教育条件等を踏まえて，単一障害種を対象とした特別支援学校が複数の障害種を対象とするように移行していく可能性が大きいと考えられる。

特別支援学校在籍者の推移（図5－1）をみてみると，全体としては増加傾向にあり，1.3倍となっている。障害種別にみると知的障害が急増しており，他の4障害は増減を繰り返しながら横ばい状態である。部別に在籍者数の推移（図5－2）をみてみると，幼稚部は減少しているが，小学部は1.2倍，中学部は1.2倍，高等部は1.4倍となっており，高等部の増加が顕著である。

また「24年報告」では，地域内の教育資源の組み合わせである「スクールクラスター」を効果的に発揮するよう提言がなされた。その際に重要な役割を果たすのが特別支援学校のセンター的機能である。文部科学省は，「平成27年度特別支援学校のセンター的機能の取組に関する状況調査」[9]において，特別支援学校における今後の課題として「地域の相談ニーズへ応えるための人材を校内で確保すること」「特別支援教育コーディネーターの専門性の向上を図ること」を上位に挙げており，センター的機能を担う人材の育成が急務であるといえる。

なお「24年報告」では，特別支援学校に在籍する子どもが居住地の学校に副次的に籍を置く取り組みは居住地域との結びつきを強めたり，居住地校との交流及び共同学習を推進するうえで意義があるとしている。すでにこの仕組みは，東京都では副籍，埼玉県では支援籍，横浜市では副学籍という形で機能しており，今後，障害のある子どもとない子どもがともに学ぶ機会を増やすうえで，他の地域にも波及していくことが期待される。

b 特別支援学級

特別支援学級の在籍児童生徒数をみると，小学校（図5－3）では知的障害と自閉症・情緒障害の児童数が多く，2016（平成28）年度には自閉症・情緒障害学級が知的障害学級の児童数を超えて，最も多くなっている。具体的には，2017（平成29）年度では知的障害が全体の46％，自閉症・情緒障害が48％となっており，両障害で全体の94％を占めている。また増加傾向も顕著であり，知的障害は1.8倍，自閉症・情緒障害は2.9倍となっている。他の障害種の児

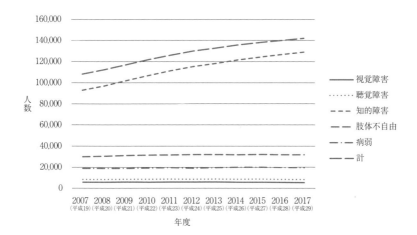

図5−1　特別支援学校在籍児童生徒数の推移

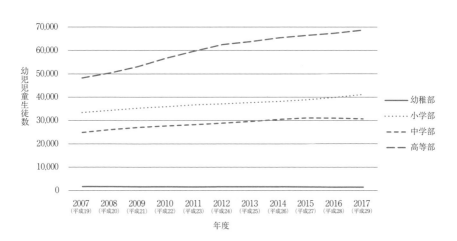

図5−2　部別にみた特別支援学校在籍児童生徒数の推移

72　I部　特別支援教育とは

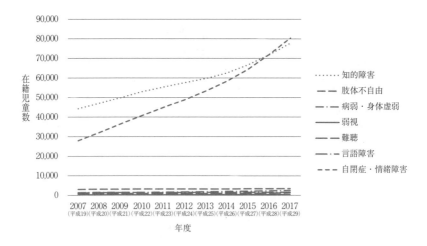

図5-3　小学校における特別支援学級在籍児童数の推移

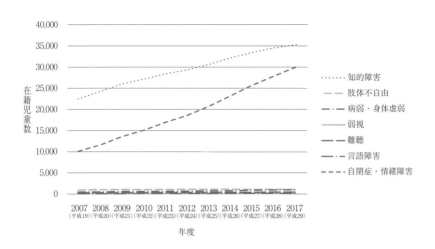

図5-4　中学校における特別支援学級在籍生徒数の推移

童数は全体的に少ないが，いずれも増加傾向にあり，全障害種を合わせると2.1倍となる。

　中学校の場合（図5-4）は知的障害学級の生徒数が最も多い状態が続いており，2017（平成29）年度で全体の52％を占めている。その一方で2017（平成29）年度に全体の44％を占めている自閉症・情緒障害学級との差は縮まってきており，数年後には小学校と同様に，自閉症・情緒障害学級の生徒数が最も多くなる可能性も考えられる。他の障害種は全体的に生徒数は少なく，肢体不自由と病弱・身体虚弱が1000人強である以外は3桁にとどまっている。ただし，いずれの障害種も増加傾向にあり，全体で2.0倍となっている。このように小学校，中学校ともに，今後も自閉症・情緒障害と知的障害の特別支援学級を中心に，多様な学びの場の1つとして重要性を増していくと考えられる。

　一方，1学級当たりの児童生徒数の推移をみてみると，小学校（図5-5），中学校（図5-6）ともに知的障害と自閉症・情緒障害の特別支援学級の数値が上昇傾向にあり，他の障害種が1～2人の間で横ばいまたは減少傾向にあるのと対照的であり，人的な面での環境に課題があることがうかがわれる。個に応じた指導の充実という観点からすると，他の障害種並の数値となるように学級の増設が求められよう。

c　通級による指導

　図5-7より通級による指導を受けている児童生徒数の推移を障害種別にみると，全体では言語障害が最も多いが，1.3倍と微増であり，小学校が大半を占めている。それに対して，自閉症は3.6倍，注意欠陥多動性障害は6.9倍，学習障害は6.7倍，情緒障害は4.6倍と急増しており，特に中学校では2017（平成29）年度においてこの4障害で92％を占めており，今後もこうした傾向は強まるものと考えられる。

　一方，弱視，肢体不自由，病弱・身体虚弱の児童生徒数は少なく，2017（平成29）年度においては弱視が197人，肢体不自由が124人，病弱・身体虚弱は29人にとどまっている。また，通級による指導を受けている児童生徒がいない都道府県をみてみると，小学校では弱視が31，肢体不自由が39，病弱が38，中学校では弱視が39，肢体不自由が42，病弱が41となっており，学びの

74　I部　特別支援教育とは

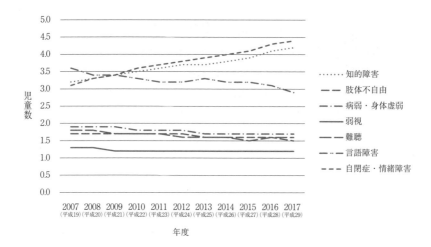

図5−5　小学校特別支援学級における1学級当たりの在籍児童数

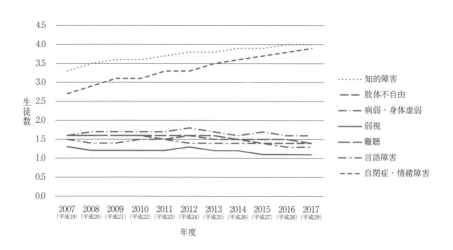

図5−6　中学校特別支援学級における1学級当たりの在籍生徒数

5章 特別支援教育の将来展望　75

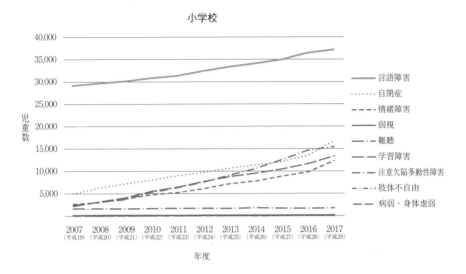

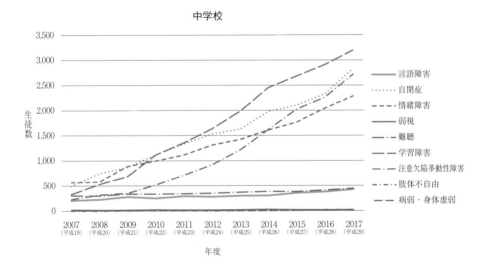

図5－7　通級による指導を受けている児童生徒数の推移

76　I部　特別支援教育とは

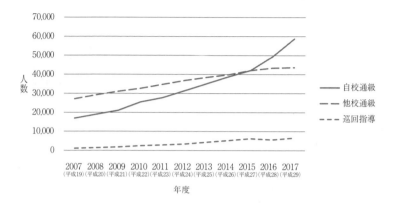

図5-8　形態別にみた通級による指導を受けている児童生徒数の推移

場の連続性が欠落している状況がうかがわれる。各都道府県はこうした障害種の通級による指導の充実にも目を向ける必要があろう。

　通級による指導は形態別にみると，自校通級，他校通級，巡回指導がある。図5-8に示す通り，当初は他校通級のほうが多かったが，2016（平成28）年度に自校通級のほうが多くなり，その差は大きくなっている。また，巡回指導による者も約6倍と増加している。こうした自校で指導を受けられる形態は，児童生徒の移動に伴う心身の負担を軽減し，学習時間を確保するうえで重要であり，より一層の進展が期待される。

　一方，2017（平成29）年度より，それまでの予算の範囲内で担当教員を加配する仕組みが改められ，担当教員が基礎定数化され，今後10年間で増員が予定されていることは通級による指導を充実させていくうえで良策といえる。また，2018（平成30）年度より，高等学校においても通級による指導が導入されることになり，高等学校における特別支援教育が充実していくことが期待される。

d　通常の学級

　現在，通常の学級に特別支援学校への就学基準（学校教育法施行令第22条の3）に該当している児童生徒がおり，2017（平成29）年度には小学校に1443人，

中学校には671人が在籍している。そのうち，通級による指導を受けているのは小学校で202人（1.3%），中学校で49人（0.9%）であり，特別の指導を受けられている者はわずかである。

また，比較的障害の軽い子どもについても，2012（平成24）年に文部科学省が実施した「通常の学級に在籍する発達障害の可能性のある特別な教育的支援を必要とする児童生徒に関する調査結果について」[7]によると，該当する児童生徒は6.5%にのぼるが，83.0%が通級による指導を受けていないことが明らかにされている。

こうした通常の学級に在籍するが特別の指導を受けられていない児童生徒への対応としては，特別支援教育支援員や特別支援学校のセンター的機能を有効に活用することが考えられる。また，次項で述べる「特別支援教室」が設けられればこうした児童生徒へ支援を行うことが可能となろう。その他，「24年報告」が指摘しているように，居住地の通常の学校に在籍しつつ副次的な籍を特別支援学校に置いて，特別支援学校との連携を密にするなどの弾力的な取り組みも有効であろう。

e 特別支援教室

2003（平成15）年に文部科学省から出された「今後の特別支援教育の在り方について（最終報告）」[5]では，特殊学級（現特別支援学級）と通級による指導を通常の学級に在籍したうえで，必要な時間のみ「特別支援教室（仮称）」の場で特別の指導を受けることを可能とする制度に一本化する方向性について提言がなされたが，現在まだ制度化には至っていない。この点について，2005年（平成17年）に中央教育審議会から出された「特別支援教育を推進するための制度の在り方について（答申）」[1]では，特殊学級（現特別支援学級）が有する機能の維持，教職員配置との関連や教員の専門性の確保等に留意すべきであるとしている。こうした課題があるため，「特別支援教室」は国の施策としては位置づけられていないが，最近になって「特別支援教室」という名称を用いて特別な支援を提供する地域もみられてきている。

たとえば，東京都では2018（平成30）年度より小学校は全校で，中学校は2020年度までに順次，発達障害のある子どもに対して特別な指導を行う教室

を設置し，名称を「特別支援教室」とすることにしている。このシステムは当初，文部科学省が想定していた形とは異なるが，2005（平成17年）に中央教育審議会が示した「原則として通常の学級に在籍しながら特別の場で適切な指導及び必要な支援を受けることができるような弾力的なシステム」の方向性とは一致しているといえる。

　また，横浜市は通級による指導とは異なる新しい形式の特別支援教室を設けている。この特別支援教室は制度上の位置づけはなく，教員の配置や指導内容等は学校ごとに独自の工夫により行っている。障害のある子どもだけでなく不登校の子どもなども含めて包括的・組織的に支援できる体制となっている。

　各地域の取り組みをみてみると，当初の特別支援学級と通級指導教室の教育を融合させたタイプの特別支援教室ではなく，「通常の学級」と「通級指導教室」の教育の狭間をつなぐものとしての新しい特別支援教室へと変わってきている状況がうかがわれる[12]。こうした動きは，地方でもみられるようになっており，今後，「特別支援教室」がどのような形で各地に広がっていくのかは注視する必要があろう。

3　特別支援教育に携わる教職員の専門性の向上

a　特別支援学校教諭免許状の取得の推進

　特別支援学校の教員については，1954（昭和29）年の教育職員免許法において，通常の学校の免許状を取得していれば特別支援学校の教員になることができるという特例（現教育職員免許法附則第16項）が規定されたため，現在は，特別支援学校教諭免許状を保有していない教員が特別支援学校に勤務している状況にある。特別支援学校に勤務している教員のうち，当該障害種の特別支援学校免許状を保有している者の割合は，2007（平成19）年度が68.3％であったのに対して2017（平成29）年度は77.7％となり，増加している。しかし，2割以上の教諭が特別支援学校の免許状を取得しておらず，特別支援教育における制度上の大きな問題となってきた。

　この点については，2006（平成18）年の第106回参議院文教科学委員会で初等中等教育局長が，免許保有率が7～8割程度に高まってきた段階で，時限

を切って特例措置を廃止する趣旨の発言を行っている．近年，保有率が高まり，この数値に近づいてきたことを受けて，中央教育審議会は 2015（平成 27）年の「これからの学校教育を担う資質能力の向上について（答申）」[3] において，2020 年度までにおおむねすべての特別支援学校の教員が特別支援学校教諭免許状を取得することを目指し，この特例の廃止を視野に入れていることを示している．今後，特別支援学校の新規採用者には在籍校種の免許状の保有を条件とすること，特別支援学校への異動に際しては当該校種の教諭免許状の取得者を充てること，特別支援学校教諭免許状の認定講習の開講を増やすこと，等の施策を通じて，免許状の保有率を向上させ，現行の特例が一刻も早く撤廃されることを期待したい．

b 特別支援学級と通級による指導の担当教員の特別支援学校教諭免許状の保有

　特別支援学級と通級による指導の担当教員は通常の学校の免許状を取得していれば法令上の問題はない．ただし，専門性の担保という点からすると特別支援学校教諭免許状を取得していることが望ましいといえる．しかし，特別支援学校教諭免許状の保有率について 2007（平成 19）年度と 2017（平成 29）年度を比べてみると，小学校は 34.2％ から 32.2％ へ，中学校は 28.6％ から 27.3％ へ，全体では 32.4％ から 30.7％ へと微減傾向にある．特別支援学校に比べて保有率が上がらない背景としては，特別支援学級担任と通常の学級担任間での異動が短期間に行われ，特別支援学級担任経験が短い者が多いことが挙げられる．

　通級指導教室の担当教員については，全国特別支援学級設置学校協会の「平成 29 年度全国特別支援学級設置学校長協会調査報告書」[13] によると，特別支援学校免許状の保有状況は小学校 45.6％，中学校 41.2％，全体では 44.8％ となっており，特別支援学級に比べて高い比率となっているものの，その数は半数に満たない．

　新しい通常の学校の学習指導要領では，特別支援学級においては自立活動を取り入れること，また，通級による指導においては自立活動の内容を参考にすることが明示された．加えて，いずれにおいても個別の教育支援計画や個別の指導計画を作成し，効果的に活用することとされている．このように，特別支援学級及び通級による指導の担当教員にも特別支援学校教員と同様の専門性が

求められるようになってくるため，特別支援学校教諭免許状保有率の向上に向けて，上述の特別支援学校の場合と同様な施策の推進が望まれる。また，特別支援学校と通常の学校との人事交流を積極的に行うようにすることも，特別支援学級や通級による指導の充実につながると考えられる。

c　大学生の特別支援教育に関する知識・技能の習得

今後はすべての教員に障害に関する知識や技能の習得が求められる。現在の教員養成課程においては，「教育の基礎理論に関する科目」の中に「幼児，児童及び生徒の心身の発達及び学習の過程（障害のある幼児，児童及び生徒の心身の発達及び学習の過程を含む）」が設けられ，すべての教員に障害に関する理解を求めることになっている。ただし，障害のある子どもについては括弧付きで「含む」こととされており，一部で障害に関する内容を扱えば法令上の要件を満たしたことになり，質的・量的な面は各大学に委ねられている。

一方，2015（平成 27）年 12 月に中央教育審議会から出された「これからの学校教育を担う資質能力の向上について（答申）」[3]において，特別支援教育について教職課程に独立した科目として位置づけるべきであることが明記された。そして，2017（平成 29）年の関係法令の改正により，「教科及び教職に関する科目」のうち「教育の基礎的理解に関する科目」に含めることが必要な事項として「特別の支援を必要とする幼児，児童及び生徒に対する理解」が独立して明示され，1 単位以上の習得が義務づけられ，この規定は 2019（平成 31）年 4 月入学生から適用となる。各大学には，学校教育現場でのニーズを的確に把握し，授業内容や単位数を検討し，質的・量的に当該科目を充実させていくことが求められる。

d　特別支援教育コーディネーター

特別支援教育を推進するうえでキーパーソンとなるのが特別支援教育コーディネーターである。公立学校における特別支援教育コーディネーターの指名率の推移を 2007（平成 19）年度と 2017（平成 29）年度で比べてみると，幼稚園は 52.6％ から 96.4％ へ，小学校は 99.6％ から 100％ へ，中学校は 99.2％ から 100％ へ，高等学校は 46.8％ から 99.9％ へと増加している。小・中学校は特別

支援教育に転換した当初からほぼすべての学校で指名されており，幼稚園と高等学校は2007（平成19）年度の時点では指名率が低かったが，2017（平成29）年度には100％近くに上昇している。このようにどの学校種においても特別支援教育コーディネーターの指名については体制が整備されている状況にあるが，特別支援教育コーディネーターは専任ではないため，他の職務と兼務の状況にある。文部科学省が2018（平成30）年に公表した「平成29年度特別支援教育体制整備状況調査結果について」[10]においては，小学校と中学校は特別支援学級担任が兼務する場合が多く，それぞれ49.5％，47.1％となっており，高等学校では通常の学級の副担任が兼務する場合が29.8％と最も多くなっており，特別支援教育コーディネーターの負担は大きいものがある。

一方，国立特別支援教育総合研究所から2017（平成29）年に出された「インクルーシブ教育システム構築の現状に関する調査報告書」[4]によると，2016（平成28）年度に特別支援教育コーディネーターが専任である学校は，小学校49.9％，中学校65.9％，高等学校55.5％となっている。また，複数指名されている比率は，小学校27.7％，中学校16.8％，高等学校20.4％となっている。このように学校レベルでは校内操作により，特別支援教育コーディネーターの負担を軽減し，業務に専念できるように努力していることがうかがわれる。国はこうした現状に目を向け，特別支援教育コーディネーターを専任として配置する財政措置を講じる方向で施策を推進していくことが望まれる。

e　特別支援教育支援員

特別支援教育支援員は，各学校において，校長，特別支援教育コーディネーター，教員等と連携のうえ，日常生活上の介助や，障害のある子どもの学習支援や健康・安全の確保や周りの子どもの障害理解の促進を促すなどの役割を担っている。2007（平成19）年度より公立小・中学校について地方財政措置が開始され，その後，2009（平成21）年度には公立幼稚園に，2011（平成23）年度には公立高等学校に拡大されている。幼稚園については，2017（平成29）年度の6900人が2018（平成30）年度には7600人に，小・中学校については4万8600人が5万5000人に，高等学校については両年度とも500人となっている。全体としては，2017（平成29）年度の5万6000人から2018（平成30）

年度には6万3100人分の財政措置が講じられるようになっており，1割以上の増加が認められる。今後もさらなる増員を目指した施策が求められる。

4 特別支援教育の対象

義務教育段階における全学齢児童生徒に占める特別支援教育の対象の推移を2007(平成19)年度と2017(平成29)年度を比べてみると特別支援学校は0.5%から0.7%へ，特別支援学級は1.0%から2.4%へ，通級による指導は0.4%から1.1%といずれも増加傾向にあり，全体では1.9%から4.2%となっている。この数値に，文部科学省から2012(平成24年)に出された「通常の学級に在籍する発達障害の可能性のある特別な教育的支援を必要とする児童生徒に関する調査結果について」[7]で示された当該児童生徒の6.5%を加えると10%以上となり，平成初期の特殊教育の時代に比べて約10倍となっており，対象が拡大していることがわかる。

また，特別な教育的ニーズという考え方にも近年，変化がみられる。たとえば小学校の新学習指導要領では，「障害のある児童などへの指導」についての規定を行っているが，上位の柱は「特別な配慮を必要とする児童への支援」であり，「障害のある児童などへの指導」と並んで「海外から帰国した児童などの学校生活への適応や，日本語の習得に困難のある児童に対する日本語指導」と「不登校児童への配慮」が示されている。

また，3のcで述べた大学での必修科目である「特別の支援を必要とする幼児，児童及び生徒に対する理解」は3つの項目で構成されているが，その1つとして障害はないが特別な教育的ニーズのある子どもの把握や理解が示されており，具体的な対象として母国語や貧困等の問題によるものが挙げられている。

さらに，2014(平成26)年11月，中央教育審議会に対して「初等中等教育における教育課程の基準等の在り方について」の諮問がなされ，2015(平成27)年8月に「論点整理」がとりまとめられているが，この中で高等学校について「一人一人の生徒の進路に応じた多様な可能性を伸ばす『多様化への対応』の観点からは，学び直しや特別な支援が必要な生徒への指導や，優れた才

能や個性を有する生徒への指導や支援など様々な幅広い学習ニーズがある」とされ，特別な支援が必要な生徒と優れた才能や個性を有する生徒が並記されており，一人ひとりの学習ニーズは多様であることを示している。

　こうした流れの中で，今後の特別支援教育は，特別な教育的ニーズの対象をより幅広く捉える形で進行していくことが予想される。「24年報告」でも，特別支援教育の考え方を，障害があることが周囲から認識されていないものの学習上または生活上の困難な子どもにも適用して教育を行うことの必要性を指摘している。すでに不登校については，法令上は特別支援教育の対象とはなっていないものの，特別支援学校等で教育を受けている現状がある。また，「特別支援教育」ではなく「支援教育」という用語を使用している地域もある。ここには，ニーズのある子どもに支援を行うことは特別ではなく必然的なことであるという理念がみられる。このように，どの子どもにも特別な教育的なニーズが生じる可能性があるという視点に基づき，学校教育全体が変革されることによりインクルーシブ教育が進展し，共生社会の実現につながることを期待したい。

■文献

1) 中央教育審議会：特別支援教育を推進するための制度の在り方について（答申）2005
2) 中央教育審議会：共生社会の形成に向けたインクルーシブ教育システム構築のための特別支援教育の推進（報告）2012
3) 中央教育審議会：これからの学校教育を担う資質能力の向上について（答申）2015
4) 国立特別支援教育総合研究所：インクルーシブ教育システム構築の現状に関する調査報告書　2017
5) 文部科学省：今後の特別支援教育の在り方について（最終報告）2003
6) 文部科学省：特別支援教育資料　2007-2018
7) 文部科学省：通常の学級に在籍する発達障害の可能性のある特別な教育的支援を必要とする児童生徒に関する調査結果について　2012
8) 文部科学省：文部科学省所管事業分野における障害を理由とする差別の解消の推進に関する対応指針について（通知）2015
9) 文部科学省：平成27年度特別支援学校のセンター的機能の取組に関する状況調

査　2017
10）文部科学省：平成 29 年度特別支援教育体制整備状況調査結果について　2018
11）文部科学省：平成 29 年度特別支援学校教員の特別支援学校教諭免許状保有状況等調査結果の概要　2018
12）特別支援教育研究連盟：特別支援教室ってなに？　2018．特別支援教室研究，JULY，28
13）全国特別支援学級設置学校長協会調査部：平成 29 年度全国特別支援学級設置学校長協会調査報告書　2018

Ⅱ部

特別支援教育の基礎

6章　医学的な基礎

　一人ひとりの教育的ニーズに応じて適切な教育と必要な支援を行うことを謳い，特殊教育がその名称を「特別支援教育」に転換してからはや10年が経過した。本章では，この間に積み上げられた医学的な知見を踏まえ，特別支援教育を医学的な視点から概説することにする。

1　障害の医学モデルと社会・生活モデル

　この間，医学・医療の領域で起きた重要な転換として，アメリカ精神医学会[1]による「精神疾患の診断・統計マニュアル（Diagnostic and Statistical Manual, 以下DSM）の改訂が挙げられる。DSM-IVがDSM-5になり，その日本語版においては「発達障害」の呼称を「神経発達症」とすることが提唱され，徐々にその呼称が浸透しつつある。「〇〇障害」を「〇〇症」と読み替えることによって，教育・福祉領域と医学・保健医療領域との視点の違いが明確になり，「障害」という呼称による誤解と混同が少なくなっていくことが期待される。
　医学は，疾患・障害を「医学モデル」という枠組みで捉えている。すなわち，すべての疾患・障害には原因がある，原因は「生物学的」である，同一の疾患・障害は同一の原因による，原因を取り除くことが治療であり，疾患・障害を「治癒」させることが治療のゴールである，という考え方である（表6-1）。また，「感染症モデル」ともいわれる。たとえば「肺結核」という疾患は「結核菌」が原因であり，ストレプトマイシンのような「抗結核薬」による治療で治癒させることができるようになった。医学・医療はこの視点に立った研究の歴史があり，多くの疾患の原因を明らかにし，治癒を可能とする疾患も増えてきていることで，医学・医療の進歩によって人類がその恩恵を被ることも可能になってきたのである。
　医学的治療によって救命できる疾患が増えた一方で，治癒に至らず，身体

表6-1　障害の医学モデルと社会モデル

医学モデル	社会モデル
・障害は疾病と同義である ・障害には「原因」が存在する ・同じ障害は同じ原因から生ずる ・原因は「生物学的」である ・「治療」によって「原因を除去」することで障害を「治癒」させることができる ・ゴールは「治癒」である	・障害は「状態像」である ・障害を個人の要因と社会要因及びその関係性の中で捉える ・個別性が強いので原因を特定することには重きを置かない ・「支援」によって障害状態を改善させることができる ・障害状態を改善し，社会適応レベル（生活レベル）を改善することを目指す（「治癒」は目指さない） ・ゴールは設定されない

的・精神的合併症をきたすことで社会適応に問題が生じたり，生活に何らかの不自由を生じたりする例も増加している。すなわち，何らかの症状をかかえながら生活する，あるいは社会適応のために何らかの支援を必要とするケースの増加である。この「何らかの支援が必要な状態」が「障害」と呼ばれる状態であり，生物学的（医学的）意味での「疾患（○○症）」と区別して考えることが大切である。これにより，医療と教育・福祉が異なった視点からそれぞれの支援を考えることが可能になる。この際，教育・福祉がとるべき姿勢が「社会モデル」と呼ばれるものである。

　社会モデルにおいては，「障害」は「疾患」とは異なりその人が置かれている状態像を指している。すなわち，同じ障害であっても常時支援が必要な人もいれば，日常生活にほとんど支障のない人もありうる。社会モデルはとりわけ，個人の置かれた社会的状況と個人との関係を重視する。障害状態を形成するものは，個人の疾病や特性といった個人の要因と，その個人が置かれている地域社会（家庭，学校を含む）の要因，及びその関係性という視点を持つ。疾患が軽度であっても地域での受容や支援リソースが十分でない場合は社会適応に問題が生じる可能性があるし，高度な支援社会にあっては比較的重い障害があっても十分地域社会で生活できる可能性がある。これら3つの要因（個人，地域社会，関係性）が変数となるため，障害状態は個別性が非常に高くなる。したがって，障害の原因を明らかにすることには重きを置かない。社会モデルで考

えることは「治療」ではなく「支援」である。文字通り「一人ひとりのニーズに応じて適切な支援を行うこと」が求められる。支援によって目指すことは，社会適応レベルあるいは生活レベルの向上であり，症状や特性があってもその社会で「なんとかうまくやっていく」ことが当面の目標である。最終的なゴールは社会モデルでは設定されないし，設定することもできない。

医学・医療領域において「発達障害」という用語が「神経発達症」と呼び替えられ，この視点の違いが明確になったといえる。生物学的な疾患である神経発達症の症状あるいは特性によって生じる社会適応の困難な状態や生活していくうえでの不都合な状態が発達障害である。同様に，医療で扱うあらゆる疾患は，障害を引き起こす1つの要因として位置づけられることになる。いたずらに教育を医療化するのではなく，教育と医療，それぞれがそれぞれの視点で支援・治療を連携して行うこと，それが可能になる学校・地域社会が特別支援教育の目指すところであると考えられる。

2 特別支援教育の対象となる疾患 (表6-2)

従来の特殊教育においては，視覚障害，聴覚障害，知的障害，肢体不自由，病弱，言語障害，情緒障害がその対象となる障害として挙げられていた。特別支援教育への衣替えとともに，これに自閉症，学習障害，注意欠陥多動性障害，高機能自閉症等の発達障害が追加された。それぞれの障害の医学的側面については，各章を参照してほしい。ここでは発達障害を中心に医学的な側面から対象疾患について概説する。

a 神経発達症

神経発達症は，発達期に発症する，中枢神経系の生物学的要因に由来する発達上の特性による機能障害と定義することができる。特性は発達早期，特に就学前に明らかになることが多く，機能の障害は個人的，社会的であり，学業または職業において発生する。発達上の特性は，学習や実行機能など限定されたものから，コミュニケーションなどの社会的技能や知的機能全般まで多岐にわたることが特徴である。DSMはいわゆる「操作的診断基準」であり，病態や

表6-2 特別支援教育の対象になりうる疾患

神経発達症（DSM-5より）	心因性疾患その他
知的発達症	うつ病
コミュニケーション症	不安症
言語症	摂食障害
語音症	適応障害
吃音	身体症状症
社会的コミュニケーション症	心身症
その他のコミュニケーション症	慢性疾患
自閉スペクトラム症	神経・筋疾患
注意欠如・多動症	血液疾患
限局性学習症	腎臓病
運動症	呼吸器疾患
発達性協調運動症	心疾患
常同運動症	内分泌疾患
チック症	悪性新生物
トゥレット症	その他
慢性運動または音声性チック症	
その他	

病因によるものではなく観察可能な徴候から精神疾患を分類したものである。半世紀以上にわたって使用されているが，すでに5回の改訂を経ており，その分類は絶対的なものではなく統計や研究目的に作成されたものである[i]。

　神経発達症は，現在のところ生物学的な原因は明らかになっていない。したがって治癒を目指す方法も存在しない。もっぱら上述の社会モデルで捉えて「支援」を考えることが重要であり，適応レベルや日常生活レベルの向上を目指す支援を考慮する。また，神経発達症は，精神医学的あるいは情緒的な問題のリスク要因とされており，非行を含む二次的な行動面の問題につながることもある。支援は，これらの合併症を予防するためのかかわりとしての側面も持っている。特別支援教育もそのゴールは二次的な問題（合併症，後述）の予防にあると考えてよい。

ⅰ）同様の操作的診断基準には，世界保健機構（WHO）による国際疾病分類（International Classification of Disorders，以下ICD）がある。こちらは現在第11版（ICD-11）の翻訳作業中である。

1）知的発達症

　知的発達症（intellectual disorder）は，かつて精神遅滞あるいは精神発達遅滞（mental retardation）と呼ばれていた概念である。知的機能の全般的な低さを中心とする状態で，標準化された知能検査による知能指数（IQ）が70未満であり，同時にさまざまな側面における「適応行動の問題」が存在するという状態がその意味するところである。

　知的発達症は，明らかな中枢神経系の疾患を基礎として有するものと，基礎疾患が必ずしも明らかでないものがある。前者を「病理群」，後者を「生理群」と便宜的に呼ぶことがある。特別支援教育において，特に通常学級での対応が必要なケースは「生理群」に該当する例が多い。生理群の特徴としては，知能指数は比較的高い（境界領域の場合もある）ことが多く，発達の経過の中で明らかな徴候（ことばの遅れなど）が認められないまま支援の対象から外れてしまう傾向がある。就学後あるいは思春期に至って学校不適応や心身症などという二次的な問題をきっかけに診断に至ることもある。

　病理群にみられる中枢神経系の基礎疾患は多岐にわたる。すなわち，先天性風疹症候群のような胎内での感染症や中毒，低酸素性脳症や外傷・早産低出生体重児など周産期の異常，代謝異常，先天性の脳奇形，染色体異常などである。また，精神医学的疾患や育児放棄などの環境の影響も知的発達症の原因となりうる。

　病理群の知的発達症のうち最も重要なのはダウン症候群である。これは染色体の異常であり，本来46本23対からなる細胞の染色体のうち，21番染色体が3本ある21トリソミーがその本態である症候群である。出生およそ1000人に1人にみられる異常で特徴的な顔貌や体の外表面の形態異常（奇形）を呈する。身体的合併症（先天性心疾患，消化管閉鎖，白血病，椎骨の異常など）が多いことも特徴であり，これらの身体的合併症が致死的である場合もある。知的レベルはさまざまであるが，性格が明るく言語理解やコミュニケーション行動が良好に保たれる例が多く，社会適応も比較的良好である。新生児期から乳幼児期の身体的合併症を克服することで良好な予後が期待できるものである。根本的な治療法はないが，特別支援教育においては重要な対象となるといえよう。

神経発達症の多くは単独ではなく他の神経発達症や疾患と併存している。知的発達症は特に多くの疾患に併存・合併する。治療可能な身体疾患に合併する知的発達症は，身体疾患を早期にスクリーニングし適切な診断・治療を行うことにより，その合併を予防できる例もある（先天性の代謝異常や甲状腺機能低下症など）。

2）自閉スペクトラム症

カナー（Kanner, L.）による「早期幼児自閉症」をはじめとして，自閉性精神病質や自閉性障害，広汎性発達障害などの呼称が用いられてきたが，DSM-5では「自閉スペクトラム症」あるいは「自閉症スペクトラム障害」に統一された。スペクトラムとは「幅のある連続帯」という意味で，均質なものではなくheterogeneousな（混成状態にある）集合として捉えることを提案している。従来用いられていた「高機能自閉症」や「アスペルガー症候群」「広汎性発達障害」などはこのスペクトラム上にあると捉えることができる。

古典的な自閉症（自閉性障害）は出生10万に対して15人程度とされていたが，スペクトラムの範疇に合致する症例は人口の1〜2%程度存在するとする報告が多い[4]。主要な徴候は2つの側面があり，「コミュニケーション行動や社会性の質的な障害」と「興味・関心の限定，反復（こだわり行動）」がその特徴である。幼児期に言語発達の遅れで気づかれることが多いが，集団生活が始まる就園・就学をきっかけに不適応が顕在化するケースもある。

特殊教育においては，かつては「情緒障害」に分類されていたが，医学的には中枢神経系の機能障害がその本態であるとされている。機能の局在やその病因・発症機構は明らかになっていない。

分子生物学的な知見では，40％程度の例に遺伝子の異常が検出されており，それらはシナプス恒常性やシグナル伝達に関係する遺伝子群が多い。他方，自閉症スペクトラムには数千にも及ぶ一塩基多型が報告されており，分子生物学的には多様な疾患であること，さらには何らかの環境要因の影響を想定する必要があると考えられている[2]。

精神病理学的には独特の体験世界にあることが想定されている。すなわち「感覚の過敏性」「タイムスリップ現象」などが自閉スペクトラム症のある子どもの行動面の特徴を示すとする考え方である。

「感覚の過敏性」とは文字通り人間が有する五感(味覚,嗅覚,触覚,視覚,聴覚)が過敏な状態を指す。あらゆる感覚刺激が過剰に体験されることから,自閉スペクトラム症のある子どもが体験している世界は非常に騒がしくおどろおどろしい刺激に満ちあふれた恐怖を感じるような世界であることが想像される。

「タイムスリップ現象(時間の横滑り現象)」とは,過去にあった出来事の「再体験」を指す。何らかのきっかけで過去の体験記憶が想起される状態にとどまらず,そのときの感覚刺激も生々しく再体験されてしまう,文字通りその時点に戻ってしまうような体験がタイムスリップである。心的外傷後ストレス障害(PTSD)の「フラッシュバック現象」に似ているが,タイムスリップ現象は,トラウマ体験だけでなく「楽しかった・うれしかった体験」も再体験されるという特徴がある。今まで泣いていた子どもが急にぴょんぴょん飛び跳ねたり嬉しそうに声を出したりするなど,一見脈絡のない行動が自閉スペクトラム症の子どもにみられるのがこれに相当すると考えられている。

3) 注意欠如・多動症

注意欠如・多動症(Attention Deficit Hyperactivity Disorder,以下 ADHD)は,精神年齢に比して不適切なレベルの「不注意」「衝動性」「多動性」を主要な症候とする神経発達症のカテゴリーである。学童期の子どもの4〜5%,成人期でも2%前後にみられるとされている[3]。

不注意とは,単に注意が散漫なこと,あるいは注意を集中・持続することができないことではなく,注意をバランスよく配分できないことを指す。すなわち,1つのことに熱中しすぎて全体・他のことへの注意が向けられない状態,あるいは注意がすぐに方向転換してしまうがいったん集中すると他に方向転換できなくなってしまう状態を示している。

「衝動性」と「多動性」はどちらも厳密に分離することはできず,衝動性は多動性を伴い,多動性は衝動性の表れでもある。衝動性とは「よく考えずに行動する」ことであるが,思いつくとすぐに体が動く,他の人のやっていることに割り込む,感情的反応が早く暴力的・攻撃的・破壊的にみえる状態であり,すべてにおいて over-driving な状態である。

「多動性」は,単に動きが多いのではなく,不注意や衝動性も併せ持ってい

る。絶えずじっとできないで動き回る，まとまりのない行動，目的がはっきりしない行動をとる，注意散漫で動きのテンポが速く細かいなどである。ADHD児の多動は，主観的には半分は自らの意思で行動しているが，半分は「不随意運動」（意識されない行動・意図していない行動）であるとされている。

　ADHDの原因は明らかになっていない。かつては虐待や貧困など心理社会的要因との関係が議論されていたが，これらは関連する要因の1つではあるが因果関係としての関連性はない。家系内の集積が高いことやきょうだいの一致率・双子の一致率の高さなどから，生物学的要因（遺伝子レベルの要因）が中心と考えられている。自閉スペクトラム症同様に多因子による症候群である。

　ADHD児はその行動特徴から集団生活場面での不適応をきたしやすく，不適切な叱責や行動制限などを経験することが多い。その結果，自尊心の低下，うつ状態や反抗など，精神医学的な合併症を引き起こしやすいとされる。ADHDに対する支援の原則はこれらの合併症を予防することに主眼を置く。また，甲状腺機能亢進症や気管支喘息，アトピー性皮膚炎，食物アレルギーなどの内科的な疾患がADHD類似の行動を呈することがあり，治療を選択するうえで鑑別することが重要である。

4）限局性学習症

　学習障害と呼ばれていた診断カテゴリーであり，DSM-5では限局性学習症と記載されている。学習障害は文部科学省による定義が一般的に使用されており，①全般的な知的レベルは正常（IQは正常）であるにもかかわらず，②学習に関連する「読む・聞く・話す・書く・計算する・推論する」の6領域の能力のいずれかに困難があって学業に困難をきたしている状態を指す。DSMでは「読字の障害」「書字表出の障害」「算数の障害」の下位分類を規定している。観察可能な徴候として挙げられているのは「読む速度が遅い，不正確，発音がはっきりしない」「文章のつながりやより深い意味を理解できない」「綴りを間違う，句読点を入れられない，段落をまとめられない」「数字やその大小，関係の理解が困難，数学的推論（図形や文章問題など）が困難」などである。中枢神経系の病因ははっきりしないが，自閉スペクトラム症やADHDに多く併存する。支援は学習場面の支援が中心となるが，大切なことは，特性による症状（苦手な領域）を修正することを目指さないことである。できないことをで

きるようにするのではなく，できていることをよりできるようにして，できないことをカバーするという考え方が支援の方向性を示す。

5）発達性協調運動症

　発達性協調運動症（Developmental Coordination Disorder，以下DCD）は，認知機能やコミュニケーションではなく運動機能に関連する発達の障害である。私たちが日常的に行っている体の動きはほとんどが協調運動，すなわち体の複数の部分をバランスよく協調させて行う運動である。歩く，走るといった粗大運動から，ボタンをはめる，模型を作るといった微細運動までが協調運動に含まれる。学校場面では，特に体育や図工などの授業中にその徴候が明確になる。いわゆる「不器用な子ども」が含まれるが，その他に「行動が遅い」「ぎこちない」といった特徴もある。有病率は5～11歳の年齢の5～6％とされており，決してまれではなく，また限局性学習症同様，他の神経発達症，特に自閉スペクトラム症と併存することが多い。

　発達性協調運動症の一部の例は，感覚統合訓練という作業療法を行うことで運動機能が改善することがあるので積極的に利用することが望ましい。限局性学習症と同様，できない運動を繰り返し練習させるといった対応は自尊心の低下から二次的な合併症につながることがあるので注意が必要である。

6）その他の神経発達症

　DSMには上記の他に「コミュニケーション症」として，「言語症」（いわゆる言語障害），音韻・構音の障害としての「語音症」，流暢性の問題としての「吃音（小児期発症流暢症）」，「社会的コミュニケーション症」が診断カテゴリーとして挙げられている。また「運動症」として「常同運動症」（駆り立てられるように反復する無目的な運動）や「チック症」「トゥレット症」がある。

b　心因性疾患・精神疾患

1）うつ病

　従来は気分障害という疾患カテゴリーが用いられていたが，DSM-5からは双極性障害（いわゆる躁うつ病）とうつ病（depressive disorder）は独立したカテゴリーになった。うつ病は，「抑うつ気分」と「興味・喜びの喪失」を主な症状とする。抑うつ気分は，憂うつ・悲しい・空虚な感じ・絶望といった症

状や，イライラや焦燥のような症状でも捉えられる。興味・喜びの喪失は「意欲の減退」ともいわれ，何をやっても楽しくない，楽しかったことも楽しくなくなった，何もやる気がしないなどの症状を指す。さらに，典型的なうつ病には生物学的背景を示唆する徴候，主として自律神経失調症状を伴う。すなわち，不眠（あるいは過眠），食欲減退，体重減少，めまい，立ちくらみ，頭痛，気分不快などである。

　うつ病の特徴は，精神的なエネルギーが枯渇した状態と捉えることができる。疲労感や自分が空っぽになってしまった感覚，自分には価値がないと感じる，過剰な罪責感，集中力の減退，決断できない，などもその症状として現れる。治療で重要なことは，十分な休息をとること，疾病に関する情報提供（心理教育），そして自殺しない約束をすることである。補助的に薬物療法を併用することもあるが，心理療法・精神療法的なかかわりが治療の第一選択である。

2）不安症

　不安症（anxiety disorder）には「分離不安症」「選択性緘黙」「恐怖症」「社交不安症」「パニック症」などの診断カテゴリーが存在する。特別支援教育の観点から理解しておくべき疾患としては「選択性緘黙」と「社交不安症」が挙げられる。

　選択性緘黙（selective mutism）とは，強い不安（主として社交不安）によって他の状況では話せるにもかかわらず，話すことが期待されている特定の状況では話すことができなくなってしまう状態である。身近な家族のいるところや家庭では普通に会話ができるが，学校などの場面ではことばを発することができなくなるのが特徴である。有病率は0.03～1%とされているが，わが国では疫学調査は十分に行われていない。自然経過で軽快する場合もあるが，知的発達症や他の神経発達症に併存することもあり，積極的な治療介入を推奨する考え方もある。大切なことは，現在可能なコミュニケーション手段を活用する，ことばを使わないコミュニケーション手段を用いるなど，不安を軽減する働きかけ，環境整備である。音読やグループ討論など話さなければならない状況に追い詰めることは二次的な合併症につながることもあり，避けたほうがよいと考えられる。

　社交不安症（social anxiety disorder）は社交恐怖（social phobia）ともいわ

れ，他人から注目される可能性のある社交場面に対する著しい恐怖・不安を感じることにより臨床的に明らかな苦痛を引き起こすという診断カテゴリーである。選択性緘黙とも関連があり，雑談する，知らない人と話す，食べたり飲んだりしているところを見られるなどの状況に強い不安を感じる。そのため不安を引き起こす状況を回避し，子どもの場合は泣いたりかんしゃくを起こしたり凍りついたりするなどの不安に関連する徴候を呈する。「対人恐怖」と従来呼ばれてきた状態にあたる。個人よりも集団での行動・集団への適応を重視する地域社会で多いとされている。認知行動療法が有効とされる。

3）摂食障害（eating disorder）

食べ物でないものを食べる「異食症（pica）」や食べ物を飲み込んでは吐き戻す「反芻症（rumination disorder）」もこのカテゴリーに含まれるが，特別支援教育（病弱）と関連が深いのは「神経性無食欲症（anorexia nervosa）」，いわゆる拒食症である。極端なやせ（低体重）であるにもかかわらず，体重増加や肥満することへの恐怖から積極的に食事を制限し，激しい運動など体重増加を妨げる行動をとる症候群である。低体重に加え，低血圧，低体温や無月経などの身体徴候がみられ，自己誘発嘔吐，下剤・利尿剤の乱用などの行動面の特徴もみられる。しばしば生命の危機につながる状況となり身体的介入（経管栄養など）を目的とした入院治療も行われる。勉学に対しては積極的であり学習の継続を希望することが多いため，院内学級や病弱特別支援学校を利用することもしばしばみられる。治療的なかかわりは身体状況の改善が最優先であり，疾病教育・心理教育が重要である。特別支援教育の視点からは，肥満に対する恐怖とその背景となっている要因を理解したうえで，主治医と連携して身体の調子を元に戻すことを優先しつつ学習の支援を行うことになる。

4）適応障害

適応障害（adjustment disorder）は，心的外傷およびストレス因関連障害群に分類されている診断カテゴリーである。いわゆる「心因性」の心身の反応であり，明らかなストレス要因に反応して起こる著しい苦痛を呈する状態である。抑うつ気分や不安を伴うことがある。いじめや体罰による例もみられ，急性ストレス障害や心的外傷ストレス障害との関連も考慮しなければならない。特別支援教育の現場は，しばしばこれらの疾患のある子どもたちの安全を実感

できる場所としての機能を求められている．治療的にも子どもたちが安心・安全・被保護感を享受しながらストレスと上手に折り合いをつけられるような環境づくり，働きかけが必要である．

5）身体症状症

身体表現性障害と呼ばれていた診断カテゴリーは，「身体症状症（somatic symptom disorder）」，「病気不安症」（かつての心気症），「転換性障害」（かつてのヒステリー），「虚偽性障害」（詐病）などに整理された．身体症状を訴えることを特徴とするが，身体症状に対して医学的説明ができないことと，身体症状の捉え方や症状に対する反応が実際の深刻さよりも不釣り合いであったり，健康や症状に対して強い不安を執拗に訴えたりする．身体症状そのものよりも症状がどのように出現し，それに対してどのように考えているのかという点を重視することが身体症状症の理解と治療に必要である．

C 心身症・慢性疾患

特別支援教育（病弱）が対象とする疾患は，がんや白血病などの悪性新生物，気管支喘息などの呼吸器疾患，ネフローゼ症候群などの腎臓疾患，肥満，心臓疾患，筋ジストロフィーなどの神経・筋疾患，糖尿病などの内分泌疾患など多岐にわたる．これら慢性疾患はそのほとんどが「心身症」として捉えることが可能である．

「心身症」とは独立した疾患概念ではなく，身体疾患を心理社会的要因も含めて臨床的なかかわりの対象とするという「視点」を提供するものである．身体症状症とも区別され，精神疾患に併存・合併する身体症状のことを指すものでもない．あらゆる身体疾患は常に子どもとその家族，さらに学校や地域社会などとともにあり，環境要因と切り離して考えることは十分ではない．環境とその関係性から疾患を考えることは先述の「障害の社会モデル」と同様であり，身体疾患の社会モデルがすなわち心身症である．心身症も特別支援教育の対象であり，特に家庭や学校という環境要因，いじめや虐待といった社会的要因から慢性疾患を捉えていくこと，そのような視点を常に持つことが医療だけではなく教育にも求められている．

3 神経発達症の併存症・合併症

　併存症とは「同時に存在する独立した疾患」，合併症とは「基礎となる疾患が引き起こす二次的な疾患」を指す。すなわち，合併症とは本来の疾患がなければ引き起こされないはずの病態を指している。神経発達症は複数の診断カテゴリーが併存することが多い（たとえば自閉スペクトラム症と知的発達症，ADHD と限局性学習症など）。また，てんかんや発達性協調運動症などの身体疾患の併存も多くみられる。一方，ADHD の子どもが思春期にうつ状態になった場合，うつ状態は二次的な問題であり ADHD がその原因になりうることから，この場合は合併症と考えられる。合併症は，神経発達症に適切に対応・治療することで「予防可能」な病態であるといえる。

　神経発達症の主な身体的「併存症」にてんかん（epilepsy）がある。てんかんとは，大脳の神経細胞の過剰な放電による反復性のてんかん発作を特徴とする慢性の脳疾患である。発作のタイプには意識消失を伴うものと伴わないもの，全身性のものと部分性のものなどさまざまなタイプがある。薬物療法による発作のコントロールが治療の中心である。

　行動面の「合併症」としては反抗挑発症（oppositional defiant disorder）や素行症（conduct disorder）が挙げられる。反抗挑発症とは，かんしゃく，イライラなどの怒りっぽさと，挑発的な行動および意地悪で執念深い行動を呈する症候群である。素行症はさらに人的・物的に重大な危害・損害を与える行動や法律違反を反復することによって特徴づけられる診断カテゴリーで，いわゆる「非行」と同義である。また，先述のように多くの心因性・精神疾患は神経発達症の合併症として発生しうる。合併症は治療の対象としてだけでなく予防可能な病態であり，神経発達症のある子どもへのかかわりはすべからく合併症の予防を目指すべきである。

4 神経発達症の医学的検査

　神経発達症の診断は発達歴の聴取と現在症の観察及び行動面の特徴に関する

情報収集によって行われ，特異的な検査法は存在しない。ただ，診断を補助する目的，あるいは他の身体疾患を鑑別する目的で検査が行われる。また現在の発達・行動の状態を評価する目的で知能検査・発達検査・心理検査を行う。

血液検査では貧血などの他，甲状腺機能亢進症でADHDと同様の徴候を示すことがあるために内分泌学的な検査が行われる。てんかんの併存が疑われる場合は脳波検査，言語発達は聴覚障害によっても遅れるので聴性脳幹反応（ABR）検査が行われる。また画像診断ではコンピュータ断層撮影（CT），磁気共鳴画像診断（MRI）を行うこともある。医学的検査は「必要な範囲で」行うことが原則であり，いたずらに繰り返すべきではない。

5　薬物療法，医療との連携

神経発達症における薬物療法は中心的な治療法ではなく，あくまで「補助的」な手段である。治療ではなく支援がかかわりの中心であり，目指すゴールは症状の軽減ではなく合併症の予防，言い換えれば子どもたちの心と体の健康な発達を目指すことである。薬物療法は対症療法であり日々の生活を楽にするための道具の1つとして考慮する。

表6-3に神経発達症に用いられる主な薬物を示した（「　」内は商品名）。抗精神病薬としてかつては神経細胞同士の連絡を遮断する薬物が用いられてい

表6-3　神経発達症に使用されることのある薬物

抗精神病薬	リスペリドン（「リスパダール」）
	アリピプラゾール（「エビリファイ」）
ADHD治療薬	メチルフェニデート（「コンサータ」）
	アトモキセチン（「ストラテラ」）
	グアンファシン（「インチュニブ」）
抗うつ薬	フルボキサミン（「ルボックス」「デプロメール」など）
	セルトラリン（「ジェイゾロフト」）
抗てんかん薬他	バルプロ酸（「デパケン」「セレニカ」など）
	カルバマゼピン（「テグレトール」など）
	ラメルテオン（「ロゼレム」）

たが，近年は神経細胞同士の隙間（シナプス）に特定の神経伝達物質（ドーパミン，アドレナリンなど）を調整する薬物が子どもにも用いられつつある。

ADHDの治療薬としては中枢神経刺激薬のメチルフェニデートが用いられる例が多いが，刺激薬でないアトモキセチン，グアンファシンなどの選択肢も増えている。

抗うつ薬は文字通りうつ病やうつ状態に使用される薬物であるが，子どものうつ病の場合，薬物療法で自殺企図が増えることも報告されており慎重に検討する必要がある。抗うつ薬のうち選択的セロトニン再取り込み阻害薬は強い不安や恐怖症にも用いられることがある。

抗てんかん薬はてんかんの治療に用いられる。激しい精神運動興奮状態を緩和する感情調節薬として用いられる場合もあるが，効果は限定的である。ラメルテオンは不眠症の治療薬であるが，従来の鎮静による睡眠薬ではないため副作用が少ないとされる。

すべての薬物には副作用がある。これらの薬物には小児への適応が認められていないものもあるため，処方はメリットと副作用等のデメリットを十分に勘案したうえで，本人・家族の了解を得て行うべきである。薬物療法を選択する場合は，「何のために（どのような効果を期待して）薬を使うのか」「いつまで続けるか（中止のタイミング）」「副作用」について主治医との間で十分な話し合いを行う必要がある。また，学校現場で薬物の効果判定や副作用の評価を行う場合があるので，医療機関との連携も必要になる。

特別支援教育と医療の連携は，必ず本人・保護者を介して行うことが大切である。個人情報保護の観点からも，本人・家族を飛び越して医療機関と連絡を取り合うことは望ましくない。したがって，まず保護者・家族との連携協力体制を構築することが重要である。子どもを中心にし，教育機関は本人と家族に伴走する支援者としての役割を担うつもりで対応する。カウンセリングマインドを持ち，傾聴，受容し，共通の理解を持つことを目指すことがその第一歩である。医療機関が行う研修・セミナーなども積極的に利用する。神経発達症のある子どもに対して医療機関ができることは限定的であるので，日常的に子どもと向き合う立場である教育機関の役割は非常に大きいといえよう。

■参考文献

1) American Psychiatric Association : Diagnostic and Statistical Manual of Mental Disorders, Fifth Edition: DSM-5　American Psychiatric Association　2013（高橋三郎・大野裕監訳：精神疾患の診断・統計マニュアル　医学書院　2014）
2) 神保恵理子・桃井真里子：発達障害における遺伝性要因（先天的素因）について．脳と発達，47，215-219，2015
3) 神尾陽子・荻野和雄・石飛信他：発達障害の疫学．精神科，26（1），33-37，2015
4) 鷲見聡：疫学研究からみた自閉症．そだちの科学，21，21-27，2013

7章　キャリア教育

1　キャリア教育とは

a　特別支援学校卒業者の進路先

　障害のある幼児児童生徒が，生涯にわたって自立し，社会参加していくためには，企業などへの就労を支援し，職業的な自立を果たすことが重要である。しかしながら，特別支援学校高等部卒業者のうち就職者の割合は，2014（平成26）年3月の卒業生においては，図7－1に示すように約29％にとどまっており，進学，教育訓練機関等入学を含めても35％に満たない現状である[6]。そのような背景からも，社会的・職業的自立に向けて取り組むキャリア教育は特別支援学校において重要な位置にあるといえよう。そこで，本章では特に知的障害特別支援学校高等部を例にキャリア教育について取り上げたい。

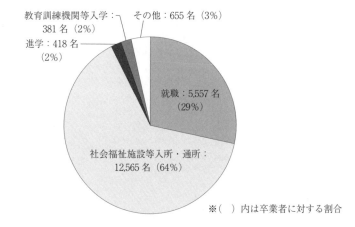

図7－1　特別支援学校高等部（本科）卒業後の状況──国・公・私立計
出典：文部科学省初等中等教育局特別支援教育課[6]をもとに作成

b　キャリア教育とは

　2011（平成23）年，文部科学省中央教育審議会「今後の学校におけるキャリア教育・職業教育の在り方について（答申）」[1]において，キャリアとは「人が，生涯の中で様々な役割を果たす過程で，自らの役割の価値や自分と役割との関係を見いだしていく連なりや積み重ね」であると定義されている。つまり，人は，各ライフステージのその場面場面で，立場や役割が与えられているという捉え方である。たとえば，小学生は，親からみた子どもであり，小学校に通う児童であり，友だちと遊ぶ余暇人でもある。さらに成長すれば，労働者となり，家庭を築く家庭人となる。これらの役割は，生涯という時間的な流れの中で変化しつつ積み重なり，つながっていくものである。人は，このような自分の役割を果たして活動することを通して，他者や社会にかかわることになり，そのかかわり方の違いが「自分らしい生き方」となっていくものである。

　また，本答申ではキャリア教育とは，「一人一人の社会的・職業的自立に向け，必要な基盤となる能力や態度を育てることを通して，キャリア発達を促す教育」であると定義している[1]。この定義を理解するうえで留意するべき事項として以下の3点が挙げられる[8]。

　1つ目は「社会的」という部分である。ここでいう自立とは，一般就労を中心とした職業自立のみを目指したものではなく，より広義の自立を目指したものである。ここでは「社会的・職業的」と示されているが，この「職業的」という文言のみにとらわれた就職のための指導ではない。

　2つ目は「必要な基盤となる」という部分である。「能力や態度」とは，たとえば就労のための知識・態度等，特定の領域のものを意味するのではなく，前述した広義の自立のための基盤・土台となる能力や態度を意味するものである。すなわちこれらは，後期中等教育の段階になってから特定の活動において育成されるものではなく，幼児期における諸活動及び初等教育段階からの教育課程全体を通して取り組むべきものである。つまり，後期中等教育段階の職業教育のみに着目するものではないといえる。

　3つ目は，「能力や態度を育てることを通して，キャリア発達を促す」の部分である。キャリア教育の理解においてはこの部分が最も重要であるといえる。中央教育審議会で示された「基礎的・汎用的能力」そのものを意味するもので

はなく，これらの育てたい力の枠組みの例として示された能力や態度の育成を通して児童生徒のキャリア発達を促す教育のことを意味している。

c キャリア教育を推進するにあたって重視すべき事項

特別支援教育においてキャリア教育を推進するにあたり重視すべき事項として次の2点が挙げられる。

1）ライフキャリアの視点

キャリアは「ワークキャリア」と「ライフキャリア」に大別され，基本的には職業的役割との関係でキャリアを捉えたものが「ワークキャリア」であり，職業的役割だけでなく生活場面で個人が果たす役割を踏まえた働き方や生き方との関係でキャリアを捉えたものを「ライフキャリア」であるとしている[5]。特に特別支援教育では，より包括的な概念である「ライフキャリア」の視点に立って教育実践を行うことが必要であろう。

2）「本人の願い」の重視

キャリア教育において中核となるのは「本人の願い」であるとしている[7]。このことは，本人の願いは，その本人がその願いに向けて経験を積み重ねていくことや，その経験を振り返ることを通してキャリア発達が期待されることを意味している[3]。また，特別な教育的ニーズを有する児童生徒は，これまでの失敗経験等から自己肯定感が低く，願いを持てずにいることが少なくない。より自分らしい「願い」を持ち，その実現に向かって進めるようになるには，よい体験を積み重ねるための支援の工夫・充実を図るなど，教え込みではない本人主体の取り組みが求められている[8]。また，本人が願いを持つための刺激となる経験場面の設定の重要性も挙げられている[3]。このことからも，後述する教育実践として実際に活動を通して働くことを学ぶ「作業学習」や実際に一般企業や福祉施設に赴いて働く「インターンシップ」はキャリア教育において「本人の願い」を実現する有効な学習であると考えられる。

d 基礎的・汎用的能力

中央教育審議会[1]は，キャリア教育において分野や職種にかかわらず，社会的・職業的に自立するために必要な基盤となる能力として4項目からなる「基

表7-1 基礎的・汎用的能力

人間関係形成・社会形成能力	多様な他者の考えや立場を理解し，相手の意見を聴いて自分の考えを正確に伝えることができるとともに，自分の置かれている状況を受け止め，役割を果たしつつ他者と協力して社会に参画し，今後の社会を積極的に形成することができる力である。 【具体的な要素の例】他者の個性を理解する力，他者に働きかける力，コミュニケーションスキル，チームワーク，リーダーシップ等
自己理解・自己管理能力	自分が「できること」「意義を感じること」「したいこと」について，社会との相互関係を保ちつつ，今後の自分自身の可能性を含めた肯定的な理解に基づき主体的に行動する力である。さらに，自らの思考や感情を律し，かつ，今後の成長のために進んで学ぼうとする力である。 【具体的な要素の例】自己の役割の理解，前向きに考える力，自己の動機づけ，ストレスマネジメント，主体的行動等
課題対応能力	仕事をするうえでのさまざまな課題を発見・分析し，適切な計画を立ててその課題を処理し，解決することができる力である。 【具体的な要素の例】情報の理解・選択・処理など，本質の理解，原因の追究，課題発見，計画立案，実行力，評価・改善等
キャリアプランニング能力	「働くこと」の意義を理解し，自らが果たすべきさまざまな立場や役割との関連を踏まえて「働くこと」を位置づけ，多様な生き方に関するさまざまな情報を適切に取捨選択・活用しながら，自ら主体的に判断してキャリアを形成していく力である。 【具体的な要素の例】学ぶこと・働くことの意義や役割の理解，多様性の理解，将来設計，選択，行動と改善等

出典：中央教育審議会[1]をもとに作成

礎的・汎用的能力」を示している（表7-1）。「基礎的・汎用的能力」の具体的な内容については仕事に就くことに焦点を当て，実際の行動として表れるという観点から「人間関係形成・社会形成能力」「自己理解・自己管理能力」「課題対応能力」「キャリアプランニング能力」の4つの能力に整理されている。これらの能力は包括的な能力概念であり，それぞれが独立したものではなく，相互に関連・依存した関係にある。このため特に順序性があるものではなく，また，これらの能力をすべての者が同じ程度あるいは均一に身に付けることを求めるものではない。

2 キャリア教育の中核となる個別の教育支援計画

a 個別の教育支援計画「本人の願いを支えるシート」

　知的障害特別支援学校においてキャリア教育を進めるにあたり「個別の教育支援計画」は「本人の願い」をもとに作成された，いわばキャリア教育の中核的な存在といえる。「個別の教育支援計画」とは，障害のある児童生徒の一人ひとりのニーズを正確に把握し，教育の視点から適切に対応していくという考えのもと，長期的な視点で乳幼児期から学校卒業後までを通じて一貫して的確な教育的支援を行うことを目的とする計画書である。またその特徴としては，校内のみならず，福祉・医療・労働等の外部関係機関との連携をするための支援計画である。なお，その書式は各教育委員会や各特別支援学校に委ねられているのが現状である。

　本章では，一例として「本人の願い」を重視し，キャリア教育の視点で作成された個別の教育支援計画を紹介したい。図7－2は，個別の教育支援計画「本人の願いを支えるシート」[4]を前述した「基礎的・汎用的能力」の視点によって項目を整理した個別の教育支援計画である。さらに，知的障害特別支援学校高等部の生徒を想定したケースをもとに筆者が記入した。

b 個別の教育支援計画「本人の願いを支えるシート」の作成手順

　個別の教育支援計画の作成は以下のように，(1) 願いの把握，(2)「支援目標」の設定，(3)「支援目標」の分類，(4)「支援の内容」の決定，の手続きで行われる。

　(1) 願いの把握
　①「本人の願い」の把握
　　生活年齢からみて稚拙に思えるものや何かに触発された一過性のものであっても「本人の願い」は尊重する。むしろ表出したことを評価したい。また，たとえ本人の考えが変化したとしても本人の志向の変化を認め，尊重することが重要である。
　②「保護者の願い」の把握

〈本人の願い〉
・かっこいい社会人になりたい。
・自分がやりたいこと，好きなことを続けたい。（電車関係）
・いろいろな人と友だちになりたい。

〈保護者の願い〉
・自分が得意なことを伸ばしてもらいたい。
・身の周りのことが自分でできるようになってもらいたい。

〈教師の願い〉
・身辺処理でできることを増やす。
・自分の思いをことばで伝える。
・友だちの気持ちを受け取ることができる。

【人間関係形成・社会形成能力】
・友だちの得意なことを知り，褒めることができる。
・適切な表現で自分の気持ちを友だちに伝えることができる。

【自己理解・自己管理能力】
・自分で考えて行動する。
・自分の得意なこと，苦手なことを知る。

【支援目標】
・身だしなみを整える。
・自分の役割に責任を持って取り組む。
・友だちと適切なかかわりをする。

【課題対応能力】
・得意なインターネット等による情報の理解・選択・処理などを行う。
・活動に見通しを持って作業をすることができる。

【キャリアプランニング能力】
・自分に与えられた役割，重要性について理解する。
・時間を意識して作業することができる。

支援の内容

〈学校〉
・下校前に担任に服装チェックをしてもらう。
・帰りの会の時間に，その日の係の仕事について報告する。
・友だちと適切なかかわりができたときには，シールを渡して褒める。

〈家庭〉
・登校前に姿見を見て，身支度の確認を行う。
・お手伝いをすることができたら，シールを渡して褒める。

〈関係機関〉
（デイサービス）
・本人の趣味（電車関係）に関わる活動を通して，自分の気持ちを表現できるよう支援する。

図7－2　個別の教育支援計画「本人の願いを支えるシート」（作成例）

出典：国立特別支援教育総合研究所[4]）をもとに作成

保護者は本人から最も近い支援者である。本人・保護者と一緒に表現されることもあるが，基本的には本人と保護者の願いは分けて記述する。保護者が思い描く「願い」と本人の「願い」を可能な限り関連づけて記述することが望ましい。
③「教師の願い」の記述
　現在，担任教師として思い抱いている「願い」を「本人の願い」と関連づけて記述する。また，本人の生活年齢に見合った課題や個別の指導計画に挙げられている課題を念頭に置きながら記入する。
(2)「支援目標」の設定
　「本人の願い」をもとに学校，家庭，関係機関等と相談して支援目標を設定する。基本的には「本人の願い」を支援するためにはどのような目標を設定すればよいのか，という視点で話し合い，目標を決定する。なお本欄の支援目標は各学部の最終学年の3月末を見通した支援とする。
(3)「支援目標」の分類
　キャリア教育の視点から「支援目標」を「基礎的・汎用的能力」の4つの項目に分類する。4つの項目においては，各項目の偏りがみられてもよい。本人の社会的・職業的に自立するために必要な力の育ちについて検討を加えつつ分類する。
(4)「支援の内容」の決定
　支援目標が決まったら，「支援の内容」を決定していく。「支援目標」にアプローチできる「支援の内容」について学校，家庭，関係機関等それぞれでできる支援内容を決めていく。また，それぞれの機関で重なる支援の内容や異なる支援の手立てを互いに意識しながら設定する。

　学校，家庭，関係機関が支援目標を共有し，互いの支援内容を共有することに意義がある。また，大切なことは本人にこの「個別の教育支援計画」について説明し，本人が合意した後に支援が始まるということである。さらには，実践した後に学期に1度，あるいは年に1度定期的に本人，学校，家庭，関係機関が集い支援会議を設定したい。それぞれの視点で評価を行い，その結果によっては「支援目標」，「支援の内容」について再検討し，修正する必要がある。

3 キャリア教育の実際

　キャリア教育は一人ひとりの社会的・職業的自立に向け，必要な基盤となる能力や態度を育成する教育である。また，キャリア教育はさまざまな教育活動の中で実践されるが，特に高等部段階の教育においては大きな部分を占めているといえよう。ここでは主にキャリア教育の実践として高等部での作業学習，インターンシップ（職場実習），進路学習を紹介したい。

a　作業学習

　作業学習は各教科等を合わせた指導であり，作業活動を学習活動の中心にしながら，生徒の働く意欲を培い，将来の職業生活や社会的自立に必要な事柄を総合的に学習するものである。将来の社会参加に向けて，生徒一人ひとりのキャリアを支える学習を展開する。具体的には働くために必要とされる持続力，責任感，確実性，協調性，社会性を育むことを目指す。また，併せて自分らしい生き方の実現に向けて，卒業後や将来の生活を見据えた学習に取り組む。本学習は週1〜2日程度で，取り扱われる作業内容としては農耕，木工，紙工，印刷，調理，食品加工，清掃，クリーニング，接客と多種多様である。
　これまでの知的障害特別支援学校における作業学習は職業スキルに焦点を当てて指導することが多かったと思われる。しかし，キャリア教育の視点からこれからは働く意欲に焦点を当てる必要があると考える。職業スキルが高くても働く意欲が低くては職業スキルも職場で活かされないため「働く意欲」に重点を置いた実践が求められる。

b　インターンシップ

　知的障害特別支援学校高等部では3年間の中で一般企業や社会福祉施設等においてインターンシップを数回実施する。このインターンシップは卒業後の生活のイメージを持ち，働くことの意味を学び，理解・意欲を高め，主体的に進路を選択するための手がかりをつかむ意義がある。また，自己の能力や体力を知り，自らの得意なことあるいは苦手なことを知り，得意なことは伸ばしつつ

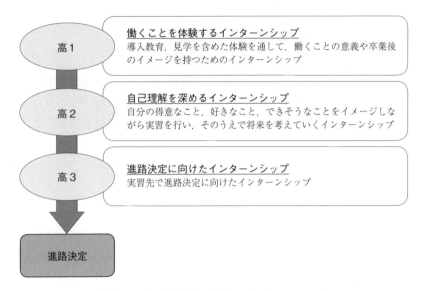

図7-3　高等部3年間のインターンシップ

不得意なことを克服しながら次の実習への足がかりをつくる。そして，3年生においてはインターンシップを通して自分に最も適した職場を自己選択する。そのため，1年から3年の各学年の段階においてインターンシップの意味合いが異なってくる（図7-3）。

　具体的には，「働くことを体験するインターンシップ」は主に高等部1年段階での学習であり，1日から5日間程度の期間で行われることが多い。参加形態としては，生徒数名のグループで教員が引率するケースがみられる。「自己理解を深めるインターンシップ」は主に高等部2年の後半から3年の前半に行われるものである。期間は1週間から2週間程度，年に1～2回行われ，参加形態は生徒1名で，教員は必要に応じて付き添い指導，巡回訪問指導を行う。「進路決定に向けたインターンシップ」は主に高等部3年で行われる。期間は3週間から4週間で年に2～3回行われ，卒業の進路決定に向けた大切なインターンシップである。その参加形態は，基本的には生徒1名で教員は必要に応じて付き添い指導，巡回訪問指導を行う。

　特に「進路決定に向けたインターンシップ」では，「本人の願い」をもとに

表7-2 進路学習で取り扱われる内容（例）

自己について	自己理解
	将来設計
仕事場面	いろいろな仕事
	職場で大切なこと（挨拶・身だしなみ等）
	社会人としての知識
	インターンシップ（事前・事後学習）
生活場面	自立的な生活（体調管理・洗濯・掃除・買い物・調理等）
	金銭管理
	公共施設・公共機関の利用の仕方
	選挙について
余暇場面	余暇の過ごし方
	コミュニケーション
	マナー（挨拶・身だしなみ・食事のマナー等）

出典：神奈川県立総合教育センター[2]をもとに作成

インターンシップ先の開拓を行い、進路指導担当の教師と担任教師は、本人、保護者と相談しながらインターンシップ先を決定する。そして、進路先を最終的に決定するのは本人である。

c　進路学習

多くの特別支援学校高等部では、進路学習（教科「職業」で実施されることが多い）を中心に、インターンシップの振り返りと進路先の選択を含めた将来の生活設計に関する学習内容を設定し、進路情報を提供しながら生徒の願いの実現を支援している。進路学習で取り扱われる内容は表7-2に示す通りである。仕事場面に限らず、生活場面、余暇場面における多様な内容が取り扱われており、前述した「ライフキャリア」にあたる部分が多いことがわかる。

■引用・参考文献

1) 中央教育審議会：今後の学校におけるキャリア教育・職業教育の在り方について（答申）　2011
2) 神奈川県立総合教育センター：進路学習の内容一覧――社会参加を進める力とその学習内容シラバス（例）　2008

3) 菊地一文：特別支援教育における ICF の活用によるキャリア発達支援の可能性．国立特別支援教育総合研究所研究紀要，40，24-25，2013
4) 国立特別支援教育総合研究所編著：特別支援教育充実のためのキャリア教育ガイドブック　ジアース教育新社　2011
5) 松為信雄：障害のある人のキャリア発達の形成と支援．特集　障害のある人のキャリア発達と支援．発達障害研究，29 (5)，310-321，2007
6) 文部科学省初等中等教育局特別支援教育課：特別支援教育資料（平成 26 年度）2015
7) 大崎博史：キャリア教育の視点による個別の教育支援計画における「本人の願い」の把握及び支援の充実を図るためのツールの開発と試行．国立特別支援教育総合研究所研究紀要，38，48，2011
8) 全国特別支援学校知的障害教育校長会：知的障害特別支援学校のキャリア教育の手引き実践編――小中高の系統性のある実践　ジアース教育新社　2013

8章　関係機関との協同

1　新たな「障害」観とその到達点

a　リハビリテーションとノーマライゼーション

　第一次，そして，第二次世界大戦後の世界的な障害者の医療や福祉の流れは，まずは，「戦争で傷ついた軍人」を対象としたリハビリテーションの普及から始まったといわれるが，その後，「権利性の回復」という意味で身体障害者全般を対象とするようになった。わが国の場合も，「保護と更生」を目的とした「身体障害者福祉法」が1949（昭和24）年に成立したが，これは「傷痍軍人」だけでなく法で規定する身体障害者を対象とした。やがて，欧米，そして日本にも「障害や病気があっても当たり前の生活ができるようにする」という「ノーマライゼーション（Normalization）」の流れが押し寄せてきた。

　とりわけ「完全参加と平等（full participation and equality）」をスローガンにした1981年の国連「国際障害者年」等はノーマライゼーション理念を掲げ，国際的な当事者の動きと相まって，わが国に大きな影響を与え，今日に至っている。この国連の動きは，それまで障害はまず，個人の努力によって改善・克服し，そのうえで社会が理解や保護をするということが主流であったことから，「障害を社会との関係でとらえる」という発想の大きな転換がなされたことは画期的であった。

　具体的には，1980年にWHO（世界保健機関）の「国際障害分類」（ICIDH：International Classification of Impairments, Disabilities, and Handicaps）が公表され，「社会的不利」は「機能障害」や「能力障害」の結果としてその個人に生じる不利益であって，教育・労働・結婚における機会の制約や，文化・余暇・その他社会参加に際しての機会の制約などがあるとした。画期的な「国際障害分類」であったが，しだいに「診断モデル」に傾いているという批判など種々の問題点も指摘されるようになり，改訂版が2001年5月に，「国際生活機能分類」（ICF：International Classification of Functioning, Disability and

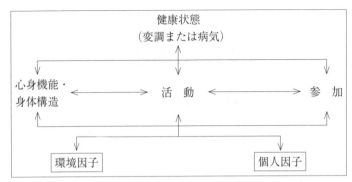

図8-1 「国際生活機能分類」(ICF) の概念図[7]

Health) としてWHO総会において採択された（図8-1参照）。

　このICFは人の「生活機能」を全体的な視点でみようとし，その「困難」（障害）はその人の生活の一部であると考えているが，これはとても重要な視点である。なぜなら，障害の捉え方は，人の生き方，そして，支援のあり方を方向づける最も基本となる視点であり，障害を限られた面からしかみなければ，それに基づいた「自立支援」は偏ったもの，あるいは，限定されたものになる可能性があるからである[7]。

　医療や福祉の分野では，ICFの概念がすでに活用されてきていたが，教育においても2009（平成21）年の特別支援学校学習指導要領改訂で，学校教育法第72条の改正を踏まえ，領域「自立活動」における視点とかかわりにおいてICFの概念を採用し，「障害に基づく種々の困難」を「障害による学習上又は生活上の困難」と改めた[6]。

b　子どもの権利とインクルーシブ教育

　子どもの権利に関する国際的な到達点の1つに「インクルージョン」がある。スペインのサラマンカで開催されたユネスコ（UNESCO）の「特別ニーズ教育に関する世界大会」（World Conference on Special Needs Education: Access and Quality, 1994）では，5つの柱からなる「サラマンカ宣言および行動大綱」（The Salamanca Statement and Framework for Action on Special Needs Education, 以下，サラマンカ宣言）が採択された[8]。

そこでは，タイで開催された「万人のための教育（Education for All）」に関する「世界大会」（World Conference on EFA, Jomtien, 1990）[10]での合意を受けて，「個人の差異や困難によらず，すべての子どもを包含する教育システム」に向けて，「インクルーシブ教育（inclusive education）」を原則とすることが確認された。これは地域の通常の小・中学校等がその原則に関する責任を果たすべきだとしたことに大きな意味があるといえる。

そこで述べているインクルーシブ教育は，障害がある子どもはもちろんのこと，すべての子どもに関する特別な教育的ニーズを包含できるような学校や教育のあり方を提起した理念的な到達点であり，それに向けて各国に具体的な整備を求めて，参加国間でその合意がなされたということが非常に重要である。しかし，インクルーシブ教育を実現することは，現在の日本では容易ではないことが多い。

「インクルーシブ社会（共生社会）にとって何が「障壁」となっているか」という点では，教育や福祉などの社会の仕組みと関連しているが，制度・政策の土台となる子どもの権利に関する「理念」や「願い」を常に見失わないようにするべきである。

もちろん，サラマンカ宣言がすぐに特別支援学校を不要としているのではなく，「特別学校は，インクルーシブ教育進展に向けた重要な資源」であるが，サラマンカ宣言の「行動大綱（8）」では，「インクルーシブな学びは，特別支援が必要な子とその周囲の仲間との連帯のための最も効果的な手段であるべきだ」「特別支援学校や特別支援学級などへの永続的な措置は例外とすべきである」としていることを付記したい[8]。

c 国連「障害者の権利条約」と改正「障害者基本法」の位置づけ

障害者支援の基本原則などを定めた改正障害者基本法（2011〈平成23〉年8月公布・施行）が成立した。わが国の障害者施策の基本的理念を掲げ，関係各法の整備を促そうとするものが障害者基本法であるが，今回の改正は，就職や教育などあらゆる機会での差別を禁じた障害者の権利条約の批准に向けた国内法整備の一環として位置づけられたという特徴がある。なお，同法は，わが国の障害者施策の対象を身体障害，知的障害そして精神障害としてきたが，今回

の改正で発達障害については，精神障害に含まれるとした。

また，障害者の権利条約では教育に関して「完全なインクルージョン」という目標を掲げているが，日本の今後の特別支援教育は，まさに，ノーマライゼーション時代にふさわしいものに大きく転換していかなければならないであろう[2]。

さらに，障害者基本法は，国の障害者計画等にみられるようにすべての省庁にまたがるもので，その意味で大変重要な法律である。特に，教育・医療・福祉・労働の協同が欠かせない特別支援教育の分野では，国際的な到達点を謳っている理念法である同法は，それに基づく各実体法を規定する意味できわめて重要である。

2　各分野との協同

a　医療保健との協同

1）母と子の健康に関する保護と保障

国民すべてを対象に「母性並びに乳児及び幼児の健康の保持及び増進を図る」母子保健法（1966〈昭和41〉年施行）が制定されているが，母子保健事業の実施は，保健所と市町村が担っている[3]（図8－2参照）。

母子保健事業は，「思春期・結婚・妊娠・出産・1歳半健康診査」等と続くもので，母子保健にとどまらず，母性育成，食育などを含んでいる。妊娠したときの届け出は，法律によって義務づけられているが，その際に交付される「母子保健手帳」は，妊娠・出産・育児に関する一貫した健康記録となり，母

都道府県（保健所）	市町村
○市町村の連絡調整・指導・助言	○基本的サービス
	ア．母子保健手帳の交付
○専門的サービス	イ．健康診査
ア．未熟児訪問指導	①妊産婦 ②乳幼児 ③3歳児
イ．養育医療	④1歳6カ月児（法定化）
ウ．障害児の療育指導	ウ．訪問指導
エ．慢性疾患児の療育指導	①妊産婦 ②新生児

図8－2　保健所と市町村の母子保健事業[3]

と子の保健指導の基礎資料となる。

また，出産後には，乳幼児健康診査，新生児聴覚検査，先天性代謝異常等検査，助産師や保健師の家庭訪問による低出生体重児（未熟児）訪問指導が実施され，子どもの障害の早期発見につなげているが，このような理解を母親や関係者だけでなく，広く若者に訴えていく必要がある。

2）障害のある児童に関する医療の制度

母子保健医療対策として，母子保健法で規定している未熟児養育医療がある。これは，出生時の体重が2000グラム以下の場合や入院医療が必要な場合の負担を軽減するものである。

また，18歳未満の子どもが小児がんや慢性腎疾患にかかった場合の医療費を補助する小児慢性特定疾病医療支援があるが，これは，児童福祉法で規定されているもので，都道府県は，厚生労働大臣が指定する慢性疾患のため長期療養を必要とする子どもに対して，患者家庭の医療費負担軽減と治療法に関する研究を目的として実施している。

さらに，自立支援医療があるが，これは，都道府県が，指定医療機関における医療給付を行うもので，これまで精神通院医療，更生医療，そして児童が対象の育成医療の対象者が該当する[4]。

3）今後の課題

医師や医療機関については，「障害についての診断・告知」の課題が挙げられる。A市の知的障害にかかる調査（2004年，有効回答サンプル数229人）では，77.7％が告知されていたが，告知を受けても十分な説明がなされずに，今後の不安，障害の受容の問題が長く続くという深刻さが浮き彫りになった。同時に，専門医が不足していることなどから，告知がないという回答も多かった。具体的な記述では，「同じ障害の子どもさんが元気に育っていて，こんな生活を送っているとの話を聞かせてもらい少し希望が出た。先生の配慮に感謝している」という回答がかなり寄せられたが，どのように告知するかは母子保健医療にとって非常に重要な課題であることがうかがえる[9]（図8－3参照）。

診断後，実際に子どもへの療育や保護者への支援の場としての療育機関があるが，医療機関との連携を密にして，診断と療育の橋渡しが必要である。

また，医療機関への具体的要望としては，「待ち時間が長く，じっとできず

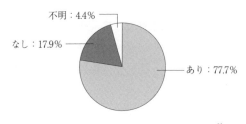

図8-3 障害についての告知の有無[9]

に困る」「時間をかけてじっくり診察, 話をしてほしい」「病名などのデータだけを話さないでほしい」「発達障がいのことがわかっている専門家が少ない」などの意見が多かったが, 医療機関はこういった実態を把握し, その専門機関としての「治療的な力量」を高めていく一方で, 家族へのきめ細かい支援ができるようにすべきである。

b 社会福祉

1) 障害児福祉サービスと「障害者総合支援法」

障害の早期発見・早期療育として重要なものは, まず, 児童福祉法に基づくサービスである。障害児施設については, 障害者自立支援法と児童福祉法に規定されていたが, 2010 (平成22) 年の同法の改正に伴い, 児童福祉法に根拠規定が一本化された。

また, これまで知的障害児施設, 知的障害児通園施設, 盲ろうあ児施設, 肢体不自由児施設, 重症心身障害児施設等として, 障害種別に分かれていた施設・事業体系が, 障害児支援の強化を図るため, 通所・入所の利用形態別に「障害児通所支援」と「障害児入所支援」とに一元化されることとなった (図8-4参照)。

障害児施設支援と地域生活支援 (地域生活支援事業) も, 新サービスに移行されたが, 総合的な自立支援システムの課題からすると, 在宅福祉支援に移行を一層進める必要がある[5]。

たとえば, 医療のところでも論じたが, 身近なところに「医療と療育機関がない」という現状はほとんど改善されていないどころか, 数か所の通園施設を一か所に統合するといったことも生じている。その結果, 乳幼児期は身近な施設が最も必要とされるにもかかわらず, 現実には, 療育に毎日通いたくてもそれができないことが多い。

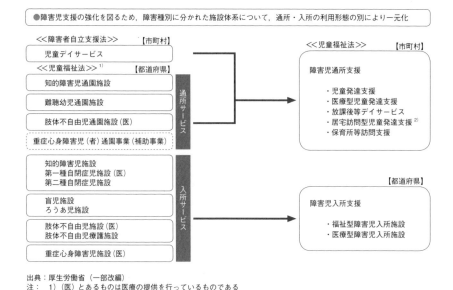

図8-4　障害児施設・事業の一元化[5]

　障害の早期発見に関しては，母子保健施策の一環として，乳幼児健康診査，新生児聴覚検査，先天性代謝異常等検査，助産師や保健師の家庭訪問による未熟児訪問指導などが実施されているが，福祉型障害児入所施設・福祉型児童発達支援センターはその重要な役割を担っている。

　また，児童福祉法の対象でなくなる障害者の相談支援を児童期の各種訪問事業等と継続してあたることが必要である。また，学校卒業後の総合的なサービスにとって，その移行支援を担う特別支援学校等は，各分野との協同がますます重要になるといえる（図8-5，表8-1参照）。

c　労働

1）職業リハビリテーションとジョブコーチ

　従来の職業リハビリテーションは特に知的障害や精神障害の分野であまり成果をあげていないという反省があり，「ジョブコーチ」（援助付き雇用制度）と

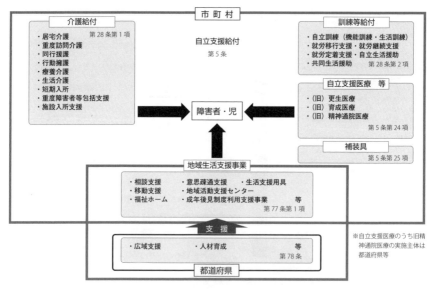

図8－5　総合的なサービスの体系

表8－1　障害者の相談支援

基本相談支援		地域の障害者等のさまざまな問題について，障害者等，障害児の保護者等からの相談に応じ，必要な情報の提供と助言を行い，市町村，指定障害福祉サービス事業者等との連絡調査等の便宜を総合的に行う
地域相談支援	地域移行支援	障害者支援施設，保護施設，矯正施設，精神科病院等に入院する障害者等を対象に，住居の確保，地域での生活に移行するための活動に関する相談等を行う
	地域定着支援	居宅において単身で生活する障害者等を対象に，常時の連絡体制を確保し，障害の特性に起因して生じた緊急の事態等が生じた場合に相談等を行う
計画相談支援	サービス利用支援	障害者福祉サービス等を申請する障害者等のサービス等利用計画案を作成し，支給決定後，サービス事業者等の関係者との連絡調整等を行うとともに，サービス等利用計画を作成する
	継続サービス利用支援	支給決定された障害福祉サービス等の利用状況の検証を行い，関係者等の連絡調整や必要に応じて新たな支給決定等にかかる申請の推奨を行う

出典：厚生労働省HP「障害のある人に対する相談支援について」を参考に作成
注：1）一般相談支援事業とは，基本相談支援と地域相談支援のいずれも行う事業である
　　2）特定相談支援事業とは，基本相談支援と計画相談支援のいずれも行う事業である

いう考えが導入されて久しい。これは，アメリカで1986年に始まった「援助付き雇用（supported employment）」のもと，障害のある人に付き添って職場内で支援を行う専門職員を指す。ジョブコーチの発想の特徴は，「職業能力評価よりも，まず，ジョブコーチと一緒に実際の仕事を体験して，そこから何が問題であるかやどこに支援が必要かを知る」というやり方で，また，支援の場もリハビリテーションセンターや施設などの保護的環境から，実際の職場へと切り替えたことにある。

それは，たとえば，「身体障害の人が，杖や車いすを使うように，知的障害の人には人的支援（ここではジョブコーチ）という特別な杖（配慮）がいる」ということである。また，ジョブコーチの発想で重要なことの1つは，重度の障害がある人も職業リハビリテーションの対象として考えていることである。以前は，就職する前にどこが不足しているか等いろいろテストして，職業訓練などで準備が整ったら就職につなげるという考えであったが，これでは重度の障害がある人ほど一生訓練で終わる可能性が高かった。しかし，ジョブコーチは，早期にその人に合った職場をみつけ，最初は職場の中で障害者に寄り添って仕事の手順や職場の同僚とどのように接するかなどを支援するが，適切に援助できるのはジョブコーチだけという環境ではなく，漸次ジョブコーチの役割を減らし，徐々に職場の同僚が仕事に関する適切な指示ができるようにしていくことを目指している。その環境をナチュラルサポートというが，ジョブコーチは障害者の職業適性だけでなく，何を調整・工夫すれば障害者が働けるかを明らかにし，それを実際に職場のなかで支援する専門家であるといえる[1]。

2）雇用促進と「個別移行支援計画」

障害がある人の，学校から就労への移行や地域生活への移行が社会的に強く望まれている。移行を円滑に進めるためには，教育・医療・福祉・労働等それぞれの分野の協力が欠かせない。また，こうした学校と地域の関係機関との協同は，障害がある人へのライフステージを見通した支援が必要であり，「個別移行支援計画」はその支援を有効に実施するためのツールとして重要視されるようになってきた。

障害者の自立と社会参加に向けた移行支援は，以下のように整理される。

（1）地域生活移行支援：大規模施設や病院等を出て，地域で生活する支援を

いう。「障害者自立支援法」では、「地域生活に移行」として「生活介護」「自立訓練」等のサービスがある。

(2) 就労移行支援：福祉や労働の現場における「個別の支援計画」の一環としての「移行支援計画」がある。「障害者自立支援法」では、就労は障害者が地域で自立した生活を送るうえで大変重要であるとして就労移行支援に重点を置いている。

(3) 教育における個別移行支援：「個別の教育支援計画」は、転学や進学、卒業等によらず、教育を中心とした途切れることのない継続した支援が可能になることを目標にしている。特に、高等部段階において「学校から社会へ」「子どもから大人へ」の移行を実現するために、関係機関との連携を図り支援を行うもので「個別の教育支援計画」の一環として「個別移行支援計画」を作成し支援するとしている。

このように、障害がある人の自立と社会参加、そして、就労にとって移行支援はきわめて重要であるが、地域生活を支える大きな柱として、①サービスがあること、②自立する人を支える仕組みがあること、③権利擁護の視点が貫かれていることの3つが必要といわれている。

3) 各分野に求められる権利主体の価値観と権利擁護――「差別解消法」の課題
事例：後を絶たない権利侵害

　福祉型障害児入所施設に入所していたAさんは、地元の会社に就職してから数年がたった。そこの社長夫婦と施設長が懇意にしていたということもあり、社宅に住み込んで、給料は社長夫婦が通帳を預かり必要に応じて本人に渡すということで、周囲は安心して彼を任せることができたという認識であった。施設や卒業した特別支援学校でも、彼が一般社会に自立したということで後輩もそれを目指して続いた。

　しかし、その後、施設長も亡くなり、しだいに彼のことをフォローすることができなくなった（今でもそういうフォローアップや「見守り」の制度はきわめて不十分である）。そのAさんが、Bさんの携帯電話に頻繁に電話をかけ困っている事情を訴えるようになった（Bさんは、Aさんが入所していた施設の職員で、その後、転職していた）。訴えの主な内容は、「社長さんからお金がもらえない」ということであった。Bさんは、連休を利用して彼を自宅に招き久

しぶりに会うが，彼の身なりにビックリした。何日も風呂には入っていないようで，その臭いは強烈で，すぐに彼をお風呂に入るように勧めた。ジーパンのズボンとシャツは身体中の脂と垢が染みつき，下着は単に汚れているだけでなくボロボロだった。Bさんはただ泣けてきた。
（注：プライバシーに配慮して筆者が内容の一部を加工した）

　Aさんの事例は，自己決定と権利擁護，そして，地域で当たり前の生活をするというノーマライゼーションを考えるうえで大変示唆に富むものである。それは，同時に，これまでの「保護と救済」の福祉を問い直すものである。
　Aさんの場合は，金銭を含めた生活の「見守り」が必要だと思われるが，現在のところAさんの場合は，地域福祉権利擁護事業として始まった「日常生活自立支援事業」（2000年度から社会福祉法に基づく「福祉サービス利用援助事業」としてスタートし，2007年度から現事業に名称変更）だけでは十分ではない。このサービスは，判断能力に問題がある高齢者や障害者への少額の金銭管理（通帳預かりや，出し入れ等）や種々の相談に応じる新しいサービスとして始まり，それ自体は画期的なことだった。もし，Aさんが就職したときに，この制度を特別支援学校の関係者や地域と連携して検討していたら，また，本人がその利用を望めばこういった事態は防げたかもしれない。
　具体的には，①福祉サービスの利用援助（福祉サービスに関する情報提供・助言，利用手続き援助，福祉サービス利用料の支払い，通知の確認援助，苦情申立に関する援助），②日常的金銭管理サービス（年金・手当の受領確認，日常的な生活費に要する預貯金の払戻，医療費・公共料金・家賃や地代・税金の支払い），③書類等の預かりサービス（普通預金・定期預金通帳，保険証書，不動産権利書，実印・印鑑登録カード，銀行届出印，貸金庫の鍵）などである。また，定期的な訪問による生活変化の察知の役割が期待されることも報告されている。

■文献
1)「アジア太平洋障害者の十年」最終年記念フォーラムキャンペーン委員会：「アジア太平洋障害者の十年」最終年記念フォーラムキャンペーン報告書　2003

2) 石部元雄・上田征三・高橋実・柳本雄次編：よく分かる障害児教育（第3版） ミネルヴァ書房　2013
3) 厚生統計協会：国民の福祉の動向・厚生の指標　増刊，57 (11), 2010
4) 厚生労働省：自立支援医療制度の概要. https://www.mhlw.go.jp/stf/seisakunitsuite/bunya/hukushi_kaigo/shougaishahukushi/jiritsu/gaiyo.html, 2018.10.14
5) 厚生労働統計協会：国民の福祉と介護の動向 2018/2019　2018
6) 文部科学省：特別支援学校学習指導要領解説　自立活動編（幼稚部・小学部・中学部・高等部）　2009
7) 障害者福祉研究会編集：ICF 国際生活機能分類——国際障害分類改訂版　中央法規出版株式会社　2002
8) The Salamanca Statement and Framework for Action on Special Needs Education, http://www.unescobkk.org/education/inclusive-education/what-is-inclusive-education/background/, 7-10 June 1994, 2018.10.14
9) 上田征三他：福山手をつなぐ育成会特別委員会報告書——福山市圏内の障害児・者の生活実態調査結果から　2004
10) World Conference on Education for All in Jomtien, Thailand, http://www.unesco.org/new/en/custom-search/?cx, 5-9 March 1990, 2018.10.14

Ⅲ部

発達障害の理解と発達支援

9章 LD（学習障害）

1　LD（学習障害）とは

　LD（学習障害：Learning Disabilities）は，全般的な知的発達に問題がないにもかかわらず，中枢神経系の機能障害により，読み，書き，計算などの学習面に著しい困難を示す発達障害の1つである。LD は教育と医療で対象とする領域が異なるため，用語の解釈には十分に注意しなければならない。

　医療で用いられる定義（医学的定義）では，学習の障害を機能的困難として捉えるため，Learning Disorder と表記する。医学的定義に関して，アメリカ精神医学会による DSM-5 では，限局性学習症／限局性学習障害（specific learning disorder）として明記されている。また，WHO による国際疾病分類第 11 版（ICD-11）では，発達性学習症／発達性学習障害（Developmental learning disorder）として明記されている。これら医学的定義では，学習困難が知的障害や感覚障害によって生じていないこと，そして，学習困難の対象領域が「読み」「書き」「計算」に特化していることが共通している。LD の中でも特に「読み」の困難を示す状態は，発達性ディスレクシア／発達性読み書き障害（Developmental Dyslexia）と呼ばれる。

　教育現場で用いられる定義（教育的定義）では，学習の障害を能力的困難として捉えるため，Learning Disabilities と表記する。教育における LD は，1963 年にアメリカのカーク（Kirk, S.A.）が教育用語として提唱したのが始まりとされる。彼は，従来，微細脳機能障害（minimal brain dysfunction：MBD），知覚障害，失読症など学習困難の状態としてさまざまな名称で呼ばれていたものを包括的概念である LD として整理し，教育の対象であることを明確にした。

　わが国における LD の定義は，1999（平成 11）年に当時の文部省（現文部科学省）の「学習障害及びこれに類似する学習上の困難を有する児童生徒の指導方法に関する調査研究協力者会議」による報告書によって示された。この定

表9-1 学習障害の定義

　学習障害とは，基本的には全般的な知的発達に遅れはないが，聞く，話す，読む，書く，計算する又は推論する能力のうち特定のものの習得と使用に著しい困難を示す状態を指すものである。
　学習障害は，その原因として，中枢神経系に何らかの機能障害があると推定されるが，視覚障害，聴覚障害，知的障害，情緒障害などの障害や，環境的な要因が直接の原因となるものではない。

義の特徴は，全般的な知的発達に遅れはないが，「聞く」「話す」「読む」「書く」「計算する」「推論する」のいずれかに著しい学習の遅れを示す状態とされる。ここでいう著しい学習の遅れとは，具体的に小学2，3年生に関しては1学年以上，小学4年生以上または中学生では2学年以上遅れている状態を示す。この教育的定義に基づき，2002（平成14）年と2012（平成24）年に文部科学省が小・中学校の通常学級を対象に調査を実施した結果，学習面で著しい困難を示す児童生徒の割合は，ともに約4.5％であることが示されており，通常学級でのLDに対する学習支援の必要性が指摘されている。

　LDの医学的定義と教育的定義は共通して，知的発達とそこから期待される学習能力の乖離（かいり）からLDを判定する考え方に基づいており，ディスクレパンシーモデルといわれる。一方，ディスクレパンシーモデルでは，知的発達とそこから期待される学習能力の乖離が生じるまでは介入対象と確定されず，支援開始が遅れてしまうなど，教育現場の実態にそぐわないといった批判もある。ディスクレパンシーモデルに対する批判の高まりを受けて，アメリカでは，LDの診断に先立って効果的な教育的介入を実施し，教育的介入の反応によって教育的ニーズの類型化を図る考え方（Response To Intervention／Instruction：RTIモデル）が展開されている。わが国においても，LDを多くの人と学び方が異なる状態（Learning Differences）として捉えようとする考え方もあることから，LDを理解する際には，教育的介入とセットで考える必要がある。このようなLDの考え方の変遷を踏まえたうえで，本章では，特別支援教育の立場より，教育的定義としてのLDを用いる。

2 LDの理解

a LDのつまずき

　LDは，全般的な知的発達に遅れがないにもかかわらず，認知発達のアンバランスさにより，特定の領域での学習に著しく困難を示す状態である。LDの当事者がかかえている学習面での困り感や教育的ニーズは周囲に見えにくく，本人が苦闘していても，怠惰であると誤解されやすい。過度の叱責や周囲からの不適切な働きかけは，自尊感情を低下させ，不登校や不適応などの二次障害を引き起こすことが多い。学習困難に対する早期介入は，学習における達成感を高めさせることに有効であり，二次障害の予防に重要な役割を果たす。

　LDが学習困難を示す領域は，読み，書き，計算と多岐にわたる。しかしながら，同じ学習困難を示す領域内であっても，課題の示し方や進め方によって，学習の遂行に要求される認知機能が異なる。そのため，認知発達のアンバランスさが認められる場合でも，苦手な面を得意な面で補うことで学習課題の遂行が可能になることに注意しなければならない。周囲の支援者は，LDの示す認知機能の発達のアンバランスさの存在に早期より気づくとともに，苦手な面だけでなく，得意な面を含めた学習状況の把握が重要となる。

　LDは，困難を示す学習領域によって，その背景要因が異なるため，注意しなければならない。「聞く」「話す」の領域に関しては，聴覚記憶の困難や語彙力，注意の持続性などが関与することが多い。「読み」「書き」の領域に関しては，単語に含まれる音韻情報を分解，意識操作する処理（音韻意識）や文字を音に変換する処理（デコーディング），文字の形態分析に関与する視空間処理が困難に影響する。「計算する」「推論する」の領域に関しては，数量概念の理解，序数詞や基数詞，計算方略の習得，立式のプランニング，文章題の表象化，計算過程のモニタリング，統語的理解力の困難が影響することが多い。

　また，LDはADHD（注意欠陥多動性障害）やASD（自閉症スペクトラム障害）など，その他の発達障害を併存していることが多い。このようにLDの支援を組み立てていくためには，学習状況や認知特性についての情報を整理していく必要があることから，学校と専門機関が連携して，実態把握や支援を進

めていくことが重要となる。

b 学習状況と認知特性の把握について

　LDの学習状況の把握に関しては，読み，書き，計算などの習得状況について把握することで実態に応じた課題設定が可能となる。一方で，読み，書き，計算などの学習内容は，学年によって変わるため，学習課題を解決するのに要求される認知処理や学習スキルも変化する。たとえば，文字の読み書き学習に関して，仮名文字が小学校低学年より開始されるが，発達に伴い，仮名文字から漢字へと移行する。また，学習する漢字も，学習初期では，画数が少なく，象形文字のようにものをかたどったような漢字から，画数が多く，部首などの偏や旁（つくり）で複雑な構成要素を組み合わせることによって成立する漢字の学習へと変化する。そのため，LDの示す読み書き学習の困難像は発達段階により変化することに，十分注意しなければならない。

　通常学級において指導者が学習状況を把握する際には，授業時の様子や提出物の内容など，日常場面の行動観察が非常に重要となるが，LDのつまずきを把握するためのスクリーニングテストとして，「通常の学級に在籍する特別な教育的支援を必要とする児童・生徒に関する全国実態調査」で使用されたチェックリストが活用できる。このチェックリストでは，LDの示す学習困難の各領域に関しての項目が設定されており，その症状を「ない（0点）」「まれにある（1点）」「ときどきある（2点）」「よくある（3点）」で教員が評価し，基準値よりも高い場合に，「学習上の困難を有する」と判断される。他にも，LD判断のための調査票（LDI-R）や読み書きに関する臨床症状のチェックリスト[5]がある。これらのチェックリストの結果と，学習場面で示される行動特徴（例：ノートの書き取り，音読，提出物，テストなど）を総合的に評価することで，正確な実態把握が可能となる。

　専門機関において実態把握を行う際には，知的発達や認知特性，語彙力や詳細な学習の習得状況など，個別での検査が行われる。知的発達や認知特性のアセスメントについては，WISC-Ⅳ，KABC-Ⅱ，DN-CASなどの個別の心理検査が用いられ，知的発達の水準や認知機能の強みや弱みについて把握することができる。また，語彙力の評価に関しては絵画語彙発達検査（PVT-R）や標

準抽象語理解力検査（SCTAW）が用いられることが多い。学習の習得状況に関しては，特異的発達障害の臨床診断と治療指針作成に関する研究チーム[7]により開発されたひらがな音読検査課題，改訂版標準読み書きスクリーニング検査（STRAW-R），小・中学生の読み書きの理解（URAWSS II）などがある。ただし，これら個別での検査の実施にあたっては，検査の実施および検査結果を読み取るスキルを十分に習熟しておくこと，そして，子ども本人のみならず，保護者に対しても十分に検査実施に関する説明を行い同意を得ること（インフォームド・コンセント）が重要である。また，これらの検査で得られた結果を，他の情報と総合的に解釈することが求められる。

c 支援者に求められる基本的な考え方

実際，LDの状態像を理解するためには膨大な情報の中から，関連した情報を選び，分析する能力が指導者に求められる。その際，事例について得られた情報を「フリスの因果関係モデル」[2]に基づいて整理することでLDの状態像は理解しやすくなる（図9−1参照）。このモデルでは，障害が発生する要因を，生物学的レベル，認知的レベル，行動的レベルの3つに分類し，各レベルの障害要因は環境要因からの影響を受けることを想定している。LDにおける中枢神経系の機能障害は生物学的レベルでの障害であり，それにより，記憶や言語理解，図形認識などの認知発達のアンバランスさが認知的レベルでの障害として位置づけられる。また，読む，書く，計算するなどの行動レベルのアカデミックスキルの障害は，認知的レベルの障害要因と関連づけられると解釈することができる。なお，環境要因に関しては，LDの当事者が利用できる支援制度

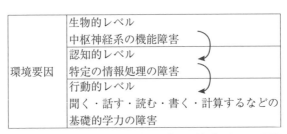

図9−1 フリスの因果関係モデルに基づくLDの理解

や周囲の大人の理解程度なども含まれる。

　このように，LDの事例について情報を整理する際には，フリスの因果関係モデルでのどの段階の情報にあたるのか，どの情報と結びつくのかを明らかにすることにより，多様な学習障害の生起背景を適切に理解することが可能になる。

3　LD児に対する教育

a　通常の学級における支援・配慮

　LD児は，学校生活の大部分を在籍学級で過ごす。そのため，通常の学級におけるLD児への支援や配慮を丁寧に行うことで，在籍学級での授業を有意義な時間として機能させることが可能となる。通常の学級におけるLD児への支援に関しては，学習環境の調整や支援に関するものと，学習内容の調整や支援に関するものに大別できる。

　学習環境の調整や支援に関して，問題に間違えてもよい，わからないことは質問をしてもよいという雰囲気をクラス全体でつくっておくことは重要である。LD児の学習の仕方は，認知特性のアンバランスな発達により，多数の人とは異なる学習方法により成果が得られる場合がある。そのため，ドリルのような反復学習に代表される他の子どもに効果的である学習方法が，必ずしも本人にとって効果的な学習方法となりえないことを意識しなければならない。特に，宿題を出す際には，課題の分量や進め方について十分な配慮が必要である。また，LD児の中には，「読み」「書き」「計算」の処理に著しい困難を示していても，タブレットPCやiPadなどの情報処理端末機器を活用することによって，教科学習の内容理解や協働学習への参加が可能になる事例が報告されている。このような情報処理端末機器の取り扱いについても，クラスの他の子どもやその保護者に対して，説明を丁寧に行って理解を求めるとともに，情報処理端末機器の利用ルールを周知しておく対応が必要である。

　学習内容の調整や支援に関して，LD児が学習困難を示す領域ごとで支援や配慮内容は異なる。「聞く」「話す」ことに困難を示す場合には，指導者が課題について説明や指示を出す際に，手短かに簡潔に行う，口頭での説明に加えて

板書に示す,イラストや写真など視覚的手がかりを示しながら説明させるなどが有効である。「読む」「書く」ことに困難を示す場合には,拡大文字の教科書を使用する,漢字にふりがなをつける,ワークシートなどを準備して書く分量を調整する,デジタル教科書やタブレットPCによる音声読み上げ機能を活用する,カメラ機能で板書を記録するなどがある。近年では,RTIモデルに基づき,集団指導場面で利用可能な読み書き支援プログラムとしてMIM[4]が開発され,その有効性についても数多くの報告がなされている。「計算する」「推論する」ことに困難を示す場合には,位取りを間違えないように補助線が入ったシートを用いる,文章題の内容について図や絵で示し計算の意味を伝える,計算手順や九九表などを活用することが有効である。ここで取り上げた支援・配慮例は,ごく一部であり,個々の状態に応じて支援内容を選択していかなければならない。

近年では,高校・大学入試における受験時の配慮事項として,試験時間の延長(通常1.3倍),拡大した問題用紙の利用,別室での受験を認めるなどがあり[1],これらの支援・配慮を受験時に受けられる場合がある。そのため,周囲の支援者は,LD児が受験時に支援・配慮を受けるための手続きやその内容について把握しておく必要がある。なお,受験時の配慮を希望する場合には,医師の診断書,日常の学習や定期試験において実施された支援や配慮内容に関する状況報告書を提出しなければならない。

b 通級指導教室による支援・配慮

通級による指導では,通常の学級に在籍しながら,障害の状態に応じた特別な指導を通級指導教室で受ける。2006(平成18)年より,通級による指導の対象にLDとADHDが加えられ,障害による学習上または生活上の困難の改善を目的とする「自立活動」とともに,「各教科の補充指導」が行われている。

通級による指導では,LD児が通常の学級での学習活動に参加できるよう,精神的なサポートだけでなく,基礎的な学習スキルの習得を促すことが求められる。基礎的な学習スキルとは,通常の学級での学習を行う際に必要とされる学習スキルであり,ノートの取り方,新出漢字の学習方法,教科書の読み方,計算の手続き,課題を解決する順序の整理など,多岐にわたる。たとえば,読

み書きに関する基礎的な学習スキルとしては，語彙力の拡大，音韻意識の形成，単語のまとまりに基づく読みの自動化，文字から音への変換効率の向上，特殊音節の読み書きの安定化，漢字の構成部品に対する分析能力の向上などがある。これら基礎的な学習スキルを獲得させていくことで，通常の学級での学習理解が促進されることが期待される。また，通常の学級での授業でタブレットPCやiPadなどの情報処理端末機器を活用できるように，その使い方を学んだり，使用にあたってのマナーを学習することも重要である。

　このように，通級による指導は，通常の学級での授業が困難であり，その代用として学習が行われる場所ではなく，通常の学級での授業が理解できるように体制を整備したり，基礎的な学習スキルを獲得していくことを目的とすることに注意しなければならない。そのためにも，通級による指導を担当する教員は，在籍学級の担任や保護者と連携を十分にとりながら，支援を進めていくことが重要となる。連携を円滑に進めるために，ケース検討会や保護者との話し合いを行う際には，個別の教育支援計画や個別の指導計画など，書面に基づいて進めると効果的である。

■引用・参考文献

1) 独立行政法人大学入試センター：平成31年度大学入試センター試験　受験上の配慮案内　2018. https://www.dnc.ac.jp/center/shiken_jouhou/hairyo.html
2) Frith, U.：Paradoxes in the definition of dyslexia. Dyslexia, 5 (4), 192-214, 1999
3) 学習障害及びこれに類似する学習上の困難を有する児童生徒の指導方法に関する調査研究協力者会議：学習障害児に対する指導について（報告）文部省　1999
4) 海津亜希子：多層指導モデルMIM読みのアセスメント・指導パッケージ―つまずきのある読みを流暢な読みへ　学研教育みらい　2010
5) 北洋輔・小林朋佳・小池敏英・小枝達也・若宮英司・細川徹・加我牧子・稲垣真澄：読み書きにつまずきを示す小児の臨床症状とひらがな音読能力の関連―発達性読み書き障害診断における症状チェックリスト．脳と発達, 42, 437-442, 2010
6) 特別支援教育のあり方に関する調査研究協力者会議：今後の特別支援教育の在り方について（最終報告）文部科学省　2003
7) 特異的発達障害の臨床診断と治療指針作成に関する研究チーム編集，稲垣真澄

編集代表:特異的発達障害診断・治療のための実践ガイドライン―わかりやすい診断手順と支援の実際　診断と治療社　2010

10章　ADHD（注意欠陥・多動性障害）

1　ADHD（注意欠陥・多動性障害）とは

a　ADHDの診断基準など

　ADHD（Attention-Deficit/Hyperactivity Disorder）は，不注意，衝動性－多動性によって特徴づけられる障害である。DSM-5の診断基準の概略を表10－1に示す。

　Aの不注意には，不注意な間違い，注意の持続困難，課題や活動を順序立てることの困難，必要なものをなくしたり，忘れっぽかったりするなどの9つの症状が示されている。多動性－衝動性には，手足をそわそわ動かしたりトントン叩いたりする，席に座っていられなかったり，とどまることを要求される場面で場所を離れたりする，走り回ったり，高いところに登ったりする，じっとしていられない，しゃべりすぎる，順番を待つことが困難であるなど9つの症状が示されている。診断のためには，示された9つの症状のうち6つ以上がそれぞれ少なくとも6か月持続すること，程度が発達水準に不相応で，社会的および学業的／職業的活動に直接悪影響を及ぼすほどであることが必要となる。

表10－1　ADHDの診断基準の概略[1]

A. 不注意および／または多動性－衝動性の持続的な様式で，機能または発達の妨げになっているもの。
B. 不注意または多動性－衝動性の症状のうちいくつかが12歳になる前から存在していた。
C. 不注意または多動性－衝動性の症状のうちいくつかが2つ以上の状況（例：家庭，学校，職場など）において存在する。
D. これらの症状が，社会的，学業的，または職業的機能を損なわせているまたはその質を低下させているという明確な証拠がある。
E. その症状は，統合失調症，または他の精神病性障害の経過中にのみ起こるものではなく，他の精神疾患ではうまく説明されない。

また,「それらの症状は,単なる反抗的態度,挑戦,敵意などの表れではなく,課題や指示を理解できないものでもない。青年期後期および成人(17歳以上)では,少なくとも5つ以上の症状が必要である」とされている[1]。

DSM-5の前の版であるDSM-IV-TRからの変更点としては,翻訳の段階で,注意欠陥／多動性障害が注意欠如・多動性障害(もしくは注意欠如・多動症)と修正されたこと,発症年齢が7歳から12歳に変更されたこと,ASD(自閉症スペクトラム障害)とADHDの併存が認められるようになったことなどが挙げられる。

一方,文部科学省は,「ADHDとは,年齢あるいは発達に不釣り合いな注意力,および／又は衝動性,多動性を特徴とする行動の障害で,社会的な活動や学業の機能に支障をきたすものである。また,7歳以前に現れ,その状態が継続し,中枢神経系に何らかの要因による機能不全があると推定される」と定義づけている[5]。この定義は,DSM-IV-TRを参考として作成されたものであるため,前述したようにDSM-5では診断基準が改定されたことから発症年齢が異なる。発症年齢の引き上げは,成人になってからADHDが疑われる事例もあり,7歳だと生育歴を把握することが困難であったことが理由とされている。

以上のように,ADHDと診断されるのは,不注意や多動性－衝動性といった行動上の特徴を示すのみならず,複数の状況でそれらの行動が確認され,それが社会生活や学業,職業に悪影響を及ぼしている場合である。行動上の特徴だけでなく,それらの行動特徴が生活に支障をきたす場合に障害として考えるという見方は他の障害も同様であり,障害を考えるうえで重要な観点である。

b 出現率と他の障害との併存および二次障害

DSM-5によれば,ADHDは子どもで約5％,成人で約2.5％の有病率であるとされている[1]。2012(平成24)年に文部科学省から報告された調査結果では,不注意または多動性－衝動性の問題を著しく示す児童生徒の割合は3.1％となっている。同時に,不注意または多動性－衝動性の問題とともに学習面で著しい困難を示す児童生徒は1.5％,不注意または多動性－衝動性の問題とともに対人関係やこだわり等の問題を著しく示す児童生徒は0.7％,不注

意または多動性−衝動性の問題と学習面の著しい困難および対人関係やこだわり等の問題のある児童生徒は0.4%であったことが報告された[7]。本調査は，診断のある児童生徒の数ではなく，教員による評定である。不注意または多動性−衝動性の問題を著しく示す児童生徒に限れば3.1%，学習面や対人関係・こだわり等の問題も同時に有する児童生徒を含めると5.7%となる。この割合はDSM-5で示されている割合と近い値であると思われる。同時に，調査からわかるように，ADHDの児童生徒の中には不注意または多動性−衝動性の行動特徴だけでなく，学習面の困難さや対人関係やこだわり等の特徴を有する者もおり，LDやASDと併存する場合も少なくない。

加えて，顕著な行動上の問題を示すことから，幼児期や学齢期の段階で保護者が育てにくく感じたり，指示に従わず何度注意しても聞き分けなかったりすることから，強く叱責することが多くなりやすい。小学校に入学してからは，授業を落ち着いて聞くことができなかったり，忘れ物が多かったり，人の邪魔をするなどの行動特徴が顕著であると，教員から叱責されるリスクだけでなく，仲間からも非難され敬遠されるようになるリスクが高い。このような環境での生活を長期間繰り返し経験すると，二次障害を有するようになる場合がある。ADHDの児童生徒が示す可能性のある二次障害には，反抗挑発症（Oppositional defiant disorder）や素行症（conduct disorder）などの外在化障害と不安障害，気分障害，ひきこもりなどの内在化障害がある[3]。

c 原因と薬物療法

ADHDは中枢神経系に機能不全があることを背景に持つ障害である。環境要因が心因的な問題を引き起こし，二次障害につながる可能性はあるが，環境要因や心因的な問題が障害を引き起こすわけではない。ADHDの病態としては，前頭前野と基底核を結ぶ回路である，実行系回路と報酬系回路の機能低下が関与しているという仮説が有力である。実行系の機能低下は反応の抑制機能の障害が中核と考えられており，報酬系の機能低下は先の大きな報酬のために目先の小さな報酬を我慢することを困難とする。これらの回路は，ドーパミン系やノルアドレナリン系によって調節されている[3]。そのため，ADHDに対する薬物療法は，ドーパミンやノルアドレナリンといった神経伝達物質の働きを強

めるために薬が処方される。

メチルフェニデート（商品名コンサータ）は、ドーパミンやノルアドレナリンの再取り込みを抑えることで神経伝達物質の働きを強め、アトモキセチン（商品名ストラテラ）はノルアドレナリンの再取り込みを抑えることで、神経伝達物質の働きを強める。

2 ADHDの理解

a 行動の理解と対応に関する基本的事柄

ADHDを理解するうえで重要となるのは、状態像として示されている行動を問題として捉えるだけでなく、中枢神経系の機能障害に起因する行動上の問題であると捉えることである。しかしながら、環境や周囲の対応によって状態像は変わりうるものである。現在示されている行動特徴は本人側の要因だけに依存するものではないということも知っておく必要がある。混乱しにくくなるように環境を調整し、対応も本人の状態像に合わせて工夫することによって、適切な行動が学習されることで行動上の問題が目立たなくなる場合もある。

加えて、問題となる行動や弱みのような否定的な側面だけではなく、得意とすること、できていること、強みなどの肯定的な側面に関する情報を整理することも重要となる。これは、ADHDに限られるわけではない。肯定的な側面について知ることで子どもの見方が肯定的になったり、それを活かした対応を考えたりすることが可能となる。

薬物療法と併用して環境を調整したり対応を工夫したりすることも重要である。使用される薬物は、前述したように神経伝達物質の働きを強めるものである。すべてのADHDの子どもに効果があるわけではないが、これらの薬で効果が得られる子どもは、実行系回路と報酬系回路の機能が向上することによって行動水準の改善がみられることになる。このことは、薬を服用し、行動に改善がみられているときのほうが、適切な振る舞い方を学習したり、適切に課題を実行したりすることが容易になることを示している。

b アセスメント

1）学校現場で用いられやすいアセスメント

　小学校や中学校では学習面，注意や衝動性，コミュニケーションなどの側面について，支援や配慮が必要であると考えられる児童生徒がどの程度いるのか，児童生徒のどのような領域にニーズがあるのか等の実態把握を行うことが多い。ADHD児の実態把握に対しては，文部科学省が調査に使用したチェックリストを用いたり，市町村でこれを参考にしながら若干の改訂を加えた独自のチェックリストを作成して用いたりする場合がある。このようなチェックリストは，児童生徒自身が困難を示している領域に対する教員の気づきを促すという役割もある。表10-2に文部科学省が行った調査に用いられた項目を示した。この項目は，ADHDの状態評価として利用されているADHD-RSを参考として作成されたものである。

　また，校内委員会などにおいて，児童生徒の実態を共有し，複数の教員の目

表10-2　文部科学省の調査に用いられた項目[7]

学業において，綿密に注意することができない，または不注意な間違いをする。
手足をそわそわと動かし，またはいすの上でもじもじする。
課題または遊びの活動で注意を集中し続けることが難しい。
教室や，その他，座っていることを要求される状況で席を離れる。
直接話しかけられたときに聞いてないようにみえる。
不適切な状況で，余計に走り回ったり高い所へ上ったりする。
指示に従えず，課題や任務をやり遂げることができない。
静かに遊んだり余暇活動に就くことができない。
課題や活動を順序立てることが難しい。
「じっとしていない」，またはまるで「エンジンで動かされているように」行動する。
（学業や宿題のような）精神的努力の持続を要する課題を避ける。
しゃべりすぎる。
課題や活動に必要なものをなくしてしまう。
質問が終わる前に出し抜けに答え始めてしまう。
気が散りやすい。
順番を待つことが難しい。
日々の活動で忘れっぽい。
他人を妨害したり，邪魔をする。

で検討することも実施されるようになってきた。教員間で情報を共有することや複数の教員の気づきの情報を収集し整理することは、「一人では見過ごしていた情報を得ることができる」「異なる視点から再度問題を捉え直すことができる」「担当者以外も子どもの見方を学ぶ機会になる」「対応の仕方にバリエーションが生まれる」などのメリットがあり、児童生徒の課題を明確にしたり、支援の方向性を検討したりすることに役立っている。

2) 行動特徴に関するアセスメント

標準化されたアセスメントツールとしては、ADHDの行動特徴を捉えるための評定尺度であるADHD-RS-IV, Conners3 日本語版, CAADID (Conners' Adult ADHD Diagnostic Interview For DSM-IV) などがある。これらはDSMに準拠しており、診断や経過観察のためのツールとして利用されている。また、評定尺度ではなく、ADHDの注意機能の問題を測定するCPT (Continuous Performance Task) なども開発されている。CPT は一定時間特定の刺激に反応し、それ以外の刺激は反応しない（抑制する）ことによって持続的注意を測定する課題である。

その他、ADHDの行動特徴を捉えるものではないが、適応行動を評定するVineland-II 適応行動尺度を利用することもできる。Vineland-II 適応行動尺度は、日常生活において必要となる適応行動として「コミュニケーション」「日常生活スキル」「社会性」「運動スキル」の4領域についてプロフィールと全体的な発達水準を知ることができ、オプションとして、「不適応行動」についても把握することが可能である。

3) 認知機能のアセスメント

ADHDの診断や行動特徴に関するアセスメントではないが、全般的な知的機能や認知機能の特徴を検討するために、バッテリー化された知能検査を用いることがある。ADHDを含む発達障害の場合、学齢期であれば、WISC-IV (Wechsler Intelligence Scale for Children Fourth Edition), K-ABC-II (Kaufman Assessment Battery for Children Second Edition), DN-CAS (Das-Naglieri Cognitive Assessment System) などが用いられる。WISC-IV では、「言語理解」や「知覚推理」といった尺度よりも「ワーキングメモリー」や「処理速度」の下位検査において成績が低い傾向があるとされている[9]。また、

K-ABC-Ⅱには「プランニング」，DN-CASには「プランニング」と「注意」といった尺度が設けられている．特に，DN-CASはADHDの中核障害となる反応抑制を必要とする「注意」や実行機能に含まれる「プランニング」を尺度に含めており，ADHDの場合，「プランニング」と「注意」が他の尺度に比べ低下することが報告されている[8]．

4) 機能的アセスメント

　行動上の問題については，行動特徴を理解するだけでなく，行動の機能を理解するために機能的アセスメントという方法を用いることが多い．機能的アセスメントは，応用行動分析学の理論に基づいて開発されたアセスメントである．ある行動は，その行動を起こさせる刺激が直前に提示されることによって起こり（先行事象），行動が起こった後の結果事象により制御されるという理論に基づいている．

　機能的アセスメントは，行動を生じさせる直接的なきっかけである先行事象（たとえば，叱責されたときであったり，難しい問題が提示されたときなど）を特定化し，行動を維持させる要因である結果事象（たとえば，ほしいものを手に入れたり，嫌なことから逃れたりするなど）を特定化する．特定化された先行事象を提示しなければ行動は生じないことになり，同時に行動を維持させている結果事象と同じ機能を有する，より適切な行動が生じるように対応すれば，問題となる行動が減少し，適切な行動が生じるようになる．つまり，行動問題に対して，行動しないということを教えるのではなく，同じ機能を有するより適切な別の行動に置き換えるように働きかけることで行動問題の改善を図ることが可能となる．

　機能的アセスメントの方法には，インタビュー法，評定法，直接観察法などが開発されており，複数の方法を用いることが一般的である．

3　ADHD児に対する教育的対応

a　家庭への支援

　ADHD児は，指示に従えなかったり，何度注意しても聞き分けなかったりすることから，強く叱責してしまいやすい．そのため，保護者は子育てに対す

る自信をなくし，親子関係が悪くなることもある。このような保護者の支援としてペアレントトレーニングが実施されるようになってきた。ペアレントトレーニングは，応用行動分析学の理論を取り入れ，保護者に子どもの行動の見方や褒め方，適切な行動形成の仕方などを学び，家庭で実践してそれを振り返ることを通して ADHD 等の子どもへの理解の仕方やかかわり方を学習する方法である。ペアレントトレーニングに参加することによって，保護者の子どもへのかかわり方が改善されることで子どもの行動が改善されたり，保護者の養育に関するストレスが軽減されたりする[4]。

b 通常の学級における対応

ADHD 児に対する通常の学級における対応では，行動への対応と同時に授業の改善を図ることが求められる。また，近年は個人に対応するだけではなく，クラス全体に働きかける方法も実施されるようになっており，これらはユニバーサルデザインの枠組みで検討されている。

たとえば，授業中に立ち歩くという行動を示す児童がいたとしよう。立ち歩きが増えるのが，「口頭での話が長いとき」であったり，「問題が解けないとき」であったりするということがわかれば，要点を書いて伝えたり，文章や絵を利用して伝えたりするという対応が考えられる。このような対応は必ずしも個別に行わなければならないわけではなく，クラス全体に対して同様の伝え方をすることが可能である。また，「わからないときには手を挙げて質問する」や「わからなくなったときや落ち着かなくなったときには先生に伝える」などの行動を教えることも解決方法となるかもしれない。「手を挙げて質問する」というやり方はすべての子どもに共通して用いることができるであろう。一方，「落ち着かなくなったときには先生に伝える」というやり方は個別的な配慮が必要となる。通常の方法では子どもから発信できない場合には，個別に子どもが発信しやすい手段をあらかじめ用意しておくことが必要である。

一方，授業改善の観点からもユニバーサルデザインの考え方が適用される。アメリカの CAST は，学びのユニバーサルデザイン（Universal Design for Learning）を提案し，情報の提示に関する多様な方法の提供，行動と表出に関する多様な方法の提供，取り組みに関する多様な方法の提供の3つの枠組み

に沿って多様な方法を紹介している[2]。

　たとえば，情報の提示では，音声情報だけでなく，多様な感覚モダリティを用いて提供することであったり，文字の大きさやコントラストを変更可能にして提供することであったりすることが含まれる。その他には，構文の構造をわかりやすくするために，接続語や語句の関係に印をつける，ステップをわかりやすく示した手がかりを提示するなどが提案されている。表出に関しては，手や声，スイッチで扱うことができるようにする，ことばや文書だけでなく，絵やイラストで表現するなど多様な方法を活用することなどがあり，取り組みについては，本人の困難さのレベルに応じることや目標を具体化したり，短期の目標に分割したりする，予告やスケジュールなどを事前に見せるなどが提案されている。このような学びのユニバーサルデザインの観点からの授業改善は，ADHD児の行動上の問題を示す機会の低減と同時に適切な行動を形成する機会の提供につながる可能性もあり，有益な方法となると考える。

c　通級による指導における対応

　通級における指導では，基本的に自立活動の指導が行われる。自立活動は，「健康の保持」「心理的な安定」「人間関係の形成」「環境の把握」「身体の動き」「コミュニケーション」の6区分27項目によって構成されている。

　特別支援学校教育要領・学習指導要領解説自立活動編をみると，ADHDの幼児児童生徒の例として，遊びの説明を聞き漏らしたり，最後まで聞かずに遊び始めたりするためにルールを十分に理解しないで遊ぶ場合や，ルールを理解していても勝ちたいという気持ちからルールを守ることができない例について紹介されている。この場合の指導としては，ルールを少しずつ段階的に理解できるように指導する，ロールプレイによって適切な行動を具体的に指導する，遊びへの参加方法がわからないときの不安を鎮める方法を指導するなどが紹介されており，これは「心理的な安定」の区分に示されている項目や，友だちへの尋ね方を練習するなどの「コミュニケーション」等の区分に示されている項目などと関連づけて具体的な指導内容を設定することが大切であると述べている[6]。

　また，注意機能の特性により，注目すべき箇所がわからない，注意持続時間

が短い，注目する対象が変動しやすいなどから，学習等に支障をきたす例については，注目すべき箇所を色分けする，手で触れるなど他の感覚も使ったりすることで注目しやすくすることによって，注意を持続させることができることを実感し，自分に合った注意集中の方法を積極的に使用できるようにすることが大切であると述べている[6]。この場合には，「環境の把握」の区分に示されている項目に関連づけることによって，自分の注意集中を促す方略を学習できるように指導することになるであろう。

d 思春期・青年期における対応

思春期や青年期になると，これまでの対応が適切でなかったことから生じる二次障害を併せ持つことがある。そのため，教員間の連携を図り，できるだけ早い段階で対応できるように同僚や保護者もしくは本人に働きかけられる体制を築くことが重要であり，それが特別支援教育コーディネーターの大事な役割となる。問題が顕在化してからの対応には大きな労力が必要となるが，早期の段階で対応することができれば労力はそれほどかからないことが多い。場合によっては，医療機関等の関連機関と連携しながら，生徒を支える支援体制を構築することが求められる。

また自己理解や自己理解に基づいた対処方法を学習することが重要となる。可能であれば，本人と一緒に考えられるように支援を構築することが必要であろう。本人が自分の特性や適性に気づき，かつ対処する方法を学ぶことは，学校卒業後の生活につながる重要な支援となる。自己理解は，障害について理解するということではなく，年齢や立場に応じた振る舞い方を学んだり，自分の苦手なことや得意なことを知り，また苦手なことに対する対処スキルを学んだりすることを通して自身の特性を理解することである。

そのためには，今自分が目標としていることを知っていること，うまくできたときには気持ちが楽になったり，次への励みになって前向きな気持ちになったりする経験が持てること，うまくできないときにはどんな工夫や周りからの支援があるとできるようになるのかを他の人と一緒に考えることを通して，成功した経験を持つことが必要となる。目標の自覚と定期的な振り返りは，自分の特性に気づき，それを受け入れ，どのように対処すればいいのかを学ぶ機会

となると考える。

■引用・参考文献

1) American Psychiatric Association：Diagnostic and Statistical Manual of Mental Disorders, Fifth Edition: DSM-5　American Psychiatric Association　2013（高橋三郎・大野裕監訳：精神疾患の診断・統計マニュアル　医学書院　2014）
2) CAST：Universal Design for Learning Guideline version 2.0.　金子晴恵・バーンズ亀山静子訳：学びのユニバーサルデザイン（UDL）ガイドライン Ver.2.0　2011. http://www.udlcenter.org/sites/udlcenter.org/files/UDL_Guidelines_2%200_Japanese_final%20(1).pdf#search=%27学びのユニバーサルデザイン%27，2017年7月5日取得
3) 平林伸一：Ⅰ 脳と学習．一般財団法人特別支援教育士資格認定協会編：S.E.N.S セミナー特別支援教育の理論と実践Ⅰ――概論・アセスメント　金剛出版　2018
4) 小谷裕実：ペアレントトレーニング．日本LD学会編：発達障害事典　丸善出版　2016
5) 文部科学省：今後の特別支援教育の在り方について（最終報告）　2003
6) 文部科学省：特別支援学校教育要領・学習指導要領解説　自立活動編（幼稚部・小学部・中学部）　2018
7) 文部科学省：通常の学級に在籍する発達障害の可能性のある特別な教育的支援を必要とする児童生徒に関する調査結果について　2012
8) Naglieri, Jack A.：Essentials of CAS Assessment　Wiley　1999
9) 日本版WISC-Ⅳ刊行委員会訳編：日本版WISC-Ⅳ理論解釈マニュアル　日本文化科学社

11章 ASD（自閉症スペクトラム障害）

1 ASD（自閉症スペクトラム障害）とは

a 自閉症から自閉症スペクトラム障害へ

自閉症スペクトラム障害・自閉スペクトラム症（Autism Spectrum Disorder：ASD）は，DSM-5[1]においてはじめて正式に採用された診断名であり，これまで「自閉症」「広汎性発達障害」と呼ばれてきていた状態像に対して採用された診断名である。ASDの研究は，アメリカのカナー（Kanner, L.）とオーストリアのアスペルガー（Asperger, H.）がそれぞれ1943年と1944年に，独自に対人関係や情緒的な接触に問題のある子どもの症例報告を行ったことに始まる。カナーは自らの症例を「早期幼児自閉症（early infantile autism）」[8]，アスペルガーは「自閉的精神病質（autistische Psychopathie）」[2]と命名した。アスペルガーの報告が第二次世界大戦終了近くにドイツ語で行われたこともあり，ASDの研究は，以後カナーの症例を中心に論議が進められていく。アスペルガーの症例が注目を浴びるようになるには，ウィング（Wing, L.）[21]によるアスペルガー症候群の概念の提起を待つことになる。

ASDは，DSMの改訂が重ねられる中で，「自閉症」という名称から広汎性発達障害の下位カテゴリーである「自閉性障害」として位置づけられていき，第4版（DSM-IV-TR）においては「アスペルガー障害」も広汎性発達障害の下位カテゴリーとして位置づけられるに至った。この「広汎性発達障害」は，後にイギリスの保護者と専門家の民間組織において「自閉症スペクトラム障害」と呼ばれるようになり[22]，最新のDSM-5では，広汎性発達障害の概念は，ASDに置き換えられることになった。DSM-5では「アスペルガー障害」もこのASDと診断を受けることになった。この章では従来「自閉症」または「自閉性障害」と表記されていたものに関して基本的にはASDと置き換えていくが，法令等との関連などで置き換えが混乱をきたす場合は，本来の表記である「自閉症」または，「自閉性障害」を用いることにする。

b　ASDの原因論の変遷

　1970年頃までのASD（この当時は自閉症）の原因論は，カナーの家族論や当時のアメリカ精神医学界の精神力動的傾向もあり，母子関係を中心とする対人関係に原因を求める心因論が支配的であった。1960年代中頃よりその原因論として，脳の器質的な障害を示すデータが蓄積され始め，ラター（Rutter, M.）ら[17]の言語認知障害説により，心因論から器質障害論へASDの原因論は大きな転換点を迎える。その後の原因論の研究は，脳の責任部位の特定に関心が移行していくが，現在のところこの問題に関する統一された見解の合意には至っていない。1980年代中盤になると，バローン-コーエン（Baron-Cohen, S.）ら[3]の「心の理論」の障害といった見解やホブソン（Hobson, R.P.）[7]による感情認知障害説が提出され，現在のASD原因論研究の大きな視点となっており，この現象を「カナーへの回帰」と呼ぶ研究者もいる。しかしながら，原因論の軸足は，脳の器質障害説にあり，自閉症が心理的要因に基づく情緒障害ではなく，発達障害であることに関しては共通の理解が得られている。また，近年の脳科学の著しい発展過程で「ミラーニューロン」と呼ばれる神経細胞群（自ら運動行為〈食べ物をつかむなど〉を行ったときと他者が運動行為を行っていることを観察しているときの両方で活性化するニューロン）の存在が報告されるに至り，このミラーニューロンとASDの関連も議論されるようになってきた[13)18)]。

c　ASDに関連する診断名の整理

　ASDに関連する診断名としては，広汎性発達障害（DSM-IV-TRに記載）の下位分類の診断名も含まれるが，ここでは，より関連性の高い用語である高機能自閉症とアスペルガー症候群について触れておきたい。ASDの診断において重要なことは，後に述べる「障害の3つ組」と呼ばれる特徴を有することであった。このことは，高機能自閉症においても同様である。

　本来「高機能自閉症」というカテゴリーは，DSM-5と同様に重要な診断基準であるWHO（国際保健機構）のICD-10（国際疾病分類）にもその記載はない。わが国には，文部科学省が提示した「高機能自閉症」の定義（2003〈平成15〉年）[15]があるが，この場合の自閉症と高機能自閉症を分かつ「高機能」

とは,「知的発達の遅れを伴わない」ことを意味している。「知的発達の遅れ」を知能指数としてどのように解釈するかについては,この定義においては触れられていないが,知能指数70という値がその基準とされることが多い。

　DSM-IV-TRには,アスペルガー症候群の診断基準が示されており,その概要と自閉症の診断基準を比較すると,「意思伝達の質的な障害」に関する項目が入っていない。この点からみると,自閉症とアスペルガー症候群の診断基準上の差異は,意思伝達の問題の有無にあったといえる。また,文部科学省においてもアスペルガー症候群に関する概念を「知的遅れを伴わず,かつ,自閉症の特徴のうち言葉の発達の遅れを伴わないもの」と規定しており,DSM-IV-TRでの定義を踏襲している。しかし,このことは,アスペルガー症候群の人たちが現実に意思伝達の問題をまったくかかえていないことを意味するのではない。「心の理論」[3]や会話文脈や対人場面における暗黙のルールの理解の問題といったより複雑なコミュニケーション上の問題をかかえていることが一般的に知られている。また,高機能自閉症とアスペルガー症候群の行動面や認知面の類似状況や,成人期の両者の状態像の類似性から,2つを同様のものとみる考え方や,後者を前者の下位カテゴリーとする考え方も提出されていた。

2　ASDの行動特性と認知特性

a　自閉症の診断基準と「障害の3つ組」とASDの診断基準

　自閉症の診断に用いられていたDSM-IV-TRの「自閉性障害の診断基準」には(1)「対人的相互反応における質的な障害」,(2)「意思伝達の質的な障害」,(3)「行動,興味および活動の限定され反復的で常同的な様式」の3つの領域が挙げられていた。ウィング[22]は,これらの診断基準をもとに「社会的相互交渉の障害」「コミュニケーションの障害」「想像力の障害とその結果としてもたらされる反復的動作」を「障害の3つ組」とする整理法を提案した。

　DSM-IV-TRから改訂されたDSM-5のASD診断基準(抜粋)は,表11-1のようになっている。この改訂では,「障害の3つ組」は,(1)「社会的コミュニケーションおよび対人的相互作用反応における持続的な欠陥」と,(2)「行動,興味,または活動の限定された反復的な様式」の2つに整理されて記載さ

表11-1　DSM-5（2013）による自閉症スペクトラム障害の診断基準（抜粋）

299.00　自閉スペクトラム症／自閉症スペクトラム障害（Autism Spectrum Disorder）
A. 複数の状況で社会的コミュニケーションおよび対人的相互作用反応における持続的な欠陥があり，現時点または病歴によって，以下により明らかになる（以下の例は一例であり，網羅したものではない）．
　(1) 相互の対人的-情緒的関係の欠落で，例えば，対人的に異常な近づき方や通常の会話のやり取りのできないことといったものから，興味，情動，または感情を共有することの少なさ，社会的相互作用を開始したり応じたりすることができないことに及ぶ．
　(2) 対人的相互反応で非言語的コミュニケーション行動を用いることの欠陥，例えば，まとまりのわるい言語的，非言語的コミュニケーションから，視線をあわせることと身振りの異常，または身振りの理解やその使用の欠陥，顔の表情や非言語的コミュニケーションの完全な欠陥に及ぶ．
　(3) 人間関係を発展させ，維持し，それを理解することの欠陥で，例えば，さまざまな社会的状況に合った行動に調整する困難さから，想像上の遊びを他者と一緒にしたり友を作ることの困難さ，または，仲間に対する興味の欠如に及ぶ．
B. 行動，興味，または活動の限定された反復的な様式で，現在または病歴によって，以下の少なくとも2つにより明らかになる（以下の例は一例であり，網羅したものではない）．
　(1) 常同的または反復的な身体の運動，物の使用，または会話（例：おもちゃを一列に並べたり物を叩いたりするなどの単調な常同運動，反響言語，独特な言い回し）．
　(2) 同一性への固執，習慣への頑ななこだわり，または言語的，非言語的な儀式的行動様式（例：小さな変化に対する極度の苦痛，移行することの困難さ，柔軟性に欠ける思考様式，儀式のようなあいさつの習慣，毎日同じ道順をたどったり，同じ食物を食べたりすることへの要求）．
　(3) 強度または対象において異常なほど，極めて限定され執着する興味（例：一般的ではない対象への強い愛着または没頭，過度に限局したまたは固執した興味）．
　(4) 感覚刺激に対する過敏さまたは鈍感さ，または環境の感覚的側面に対する並外れた興味（例：痛みや体温に無関心のように見える，特定の音または触感に逆の反応をする，対象を過度に嗅いだり触れたりする，光または動きを見ることに熱中する）．
　　　　　　　　　　　　　　　　　　　　　　　　　　（C～Eの項目については，省略）

れているが，「障害の3つ組」の枠組みの考え方は残っていると考えてよい．

b　社会的相互交渉の視点からの分類

　社会的相互交渉における困難性は，ASDの中核となる問題であるが，ウィング[22]は，この点での特徴を以下の4つの群に整理している．このような理解は，コミュニケーション面の能力の落ち込みが少ないタイプやアスペルガー

症候群や高機能自閉症を疑われる ASD の状態を理解するうえで参考になるであろう。

　①孤立群：小さな子どもに多いタイプで周囲に人がいないかのように振る舞う。呼びかけても反応がない。自分でほしい物を取るためには，人の手を取って取ろうとするクレーン現象がみられる。
　②受動群：人の接触を受け入れ，避けることはしないが，自分からかかわりを始めようとはしない。
　③積極・奇異群：自分の世話をしてくれる他人に積極的にかかわろうとするが，自分の関心事を一方的に話し，相手の感情等に注意を払う様子はみられない。会話の際にいつ目をそらせばよいかといったことの理解が難しい。
　④形式的で大げさな群：言語の使用能力の高い人に青年後期から成人期以降に現れる。過度の礼儀正しさや堅苦しい振る舞いがみられる。うまく振る舞うために人づきあいのルールに厳格にあろうとするところがあるが，状況の変化や文脈に応じた対応に難しさがある。

c　留意すべき感覚及び情報処理特性

　ASD の子どもとかかわる際に重要なことに，彼らの感覚及び情報処理特性への配慮がある。感覚の問題は，ASD の症状形成に重要な役割を果たしているという研究者[4)][12)]もおり，重要な問題の1つである。この問題は DSM-5 に改訂されてから明確に診断基準の中に取り入れられている（表11−1, B(4)）。ASD の子どもたちは，聴覚，視覚，触覚，味覚，嗅覚，前庭覚，固有覚における過敏性や鈍感性といった感覚上の問題をかかえることが少なくなく，それらは，大きな音への反応や偏食，同じ服の着用へのこだわり，バランス感覚のよさや悪さといった現象として現れることで知られている。

　また，得意な情報入力の様式としては，ことばによる聴覚情報と視覚情報を比較すると，後者のほうが一般的に優れているといわれ，彼らに予定やスケジュールを伝える際に視覚情報を随伴させることの有効性が知られている。

　シングルフォーカス[9)][10)]とセントラルコーヒレンス（中枢性統合／統合的一貫性）[5)][10)]の問題も，ASD の子どもの感覚と情報処理の特性を理解するうえで必要なものである。シングルフォーカスとは，同時に2つ以上の情報に対

処できないことを意味し，周囲の働きかけに適切に対応することの困難性や，場に応じた注意のコントロールの困難性と関係がある。

　セントラルコーヒレンスは，さまざまな情報を統合し，その中でより高次の意味を構築し（より中心的な課題を理解し），それに基づく情報の取捨選択や行動の優先順位の決定を行う力であるといえる。フリス（Frith, U.）[5]は，ASDの子どもの優れた側面と問題のある側面をこのセントラルコーヒレンスの障害によって説明できると考えている。

3　行動上の問題の取り組みの方向性と指導方法論

a　行動上の問題となりやすい行動パターン（行動型）

　ASDの子どもが直面する行動上の問題は，彼らが呈する特定の行動パターン（行動型）と周囲の相互作用の中から浮かび上がってくる。そのような行動パターンを指して，行動異常，問題行動，不適切行動，行動障害といった名称などが用いられてきたが，近年では挑戦的行動（challenging behavior）という表現が用いられる傾向がみられる。この用語は，これらの行動が，子どもを援助するための方法を関わる側に見つけ出すように「駆り立てる」行動であるという意図から用いられたといわれている[22]。

　ASDの子どもにとっての行動上の問題として取り上げられた行動パターンには，「障害の3つ組」や先に取り上げた感覚及び情報処理特性に起因する偏食や1つの衣服着用へのこだわりなどの行動パターンなどがあった。また，ASDに限らず起こりうる行動上の問題となる行動パターン（自傷，他害，パニック，器物破損，多動など）にもこれまで多くの関心が払われてきている。

b　ASDへの指導方法論

　ASDへの治療教育や指導方法論については，さまざまな角度から取り組みと提案がなされてきた。日本のASD教育の歴史はこれらの知見の教育現場への導入と試行錯誤の歴史ともいえるであろう。ASDに対して試みられてきた各種のアプローチを表11-2に示した。これらは，ASDの原因論の変遷に影響を受けてASD用に開発されたものや，既存の方法論を適用したものである。

表11-2 日本における自閉症への多種多様なアプローチ

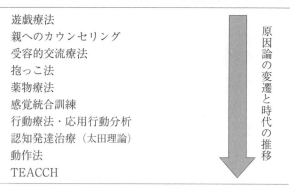

遊戯療法
親へのカウンセリング
受容的交流療法
抱っこ法
薬物療法
感覚統合訓練
行動療法・応用行動分析
認知発達治療（太田理論）
動作法
TEACCH

原因論の変遷と時代の推移

ASDの原因論が心因論に依拠している時代は，遊戯療法，親へのカウンセリングが主たるアプローチとして選択されていたが，次第に器質障害論に移行していく中で，わが国では遊戯療法と課題学習を併用する受容的交流療法が開発されてくる。その後，器質障害論が中心になると薬物療法の研究や感覚統合訓練の適用が始まるといった状況になる。感覚統合訓練は現在でも作業療法士らによってASDへの適用が続いている。また，認知発達の問題を解決する取り組みとして，わが国では太田ら[16]による認知発達治療が開発されている。脳性まひ児の動作改善を目的として開発された動作法が，ASDの行動の改善に適用されたのもこの時期である。行動療法や応用行動分析は学習によって不適切な行動の低減や適切行動の形成といった課題に取り組んできており，比較的早い時期から適用された方法であった。ASDのアプローチにおいて大きな転機になったのは，TEACCH（Treatment and Education of Autistic and Communication handicapped Children）の登場である。これは，アメリカのショプラー（Schopler, E.）ら[19]が開発したASDを中心とする障害児への取り組みのシステムである。この方法は，ASDの認知特性を理解したうえで「構造化」という手法を用いてASDの人たちに理解しやすい環境の提供を行うことを支援の1つの柱としており，近年では行動療法や応用行動分析[6]と並び主要なアプローチとして評価されている。

4　学校教育におけるASDへの取り組み

a　情緒障害児教育と自閉症教育の関連性

　ASDが関連する自閉症教育は，自閉症の原因論の初期の理解が心因論であったことの影響を受け，わが国では，情緒障害児教育の範疇で扱われてきた。一方ASDの概念は，DSM-5の登場によって認知され始めたものであるため，わが国の教育関係法令には用いられることがほとんどない概念であり，わが国の学校教育におけるASDの対応を説明する際には，「自閉症」の用語を用いることが適切であるので，この項では「自閉症」とASDの表記を使い分けていく。

　「自閉症」は2006（平成18）年3月の学校教育法施行規則の一部改正以前（第73条の21）には，情緒障害者として扱われていた。この改正（第140条）で，情緒障害者は「障害の原因及び指導法が異なるものが含まれていることから，この分類を見直す必要がある」という理由で，「自閉症者」と情緒障害者の2つに記載を分けることになった。

　わが国の特別支援教育で情緒障害の用語がはじめて用いられたのは，1965（昭和40）年の「心身障害児の判別と就学指導」の手引き書においてである。それ以前は，「性格異常者」（1947〈昭和22〉年の制定の学校教育法第75条第1項：1961〈昭和36〉年の学校教育法改正で削除，1953〈昭和28〉年特殊児童判別基準とその解説）の範疇に情緒障害に該当する子どもが包含されていたものと考えられる。1967（昭和42）年度の「児童・生徒の心身障害に関する調査報告書」においては，情緒障害児の類型として，①登校拒否の疑い，②神経症の疑い，③緘黙の疑い，④自閉症の疑い，⑤脳の器質的障害の疑い，⑥その他の6つを示している。情緒障害児特殊学級（2006〈平成18〉年の学校教育法一部改正の前の説明であるのであえて用いた）の設置開始は当初，情緒障害児短期治療施設での設置（1962〈昭和37〉年）に始まり，その後に病院や学校に広がるという経過をたどった。

　学校に情緒障害児学級が設置されたのは1969（昭和44）年であり，その対象は，①緘黙の疑いのある者，②自閉症の疑いのある者，③精神病の疑いのあ

る者,④その他様々な行動異常がある者とされた。わが国の情緒障害児教育の開始時期が自閉症の原因論の転換の時期より早いこともあり,日本の自閉症教育は,心因による情緒障害児へのアプローチへの影響を強く受けながら,展開することになった。

1970年代の中頃になると情緒障害児特殊学級の児童生徒の過半数を「自閉症の疑いのある者」が占める状況となり,情緒障害児教育における自閉症教育の重要性が増す時代に入ってくる。この傾向の中で,2002（平成14）年5月に出された「障害のある児童生徒の就学について（第291号初等中等教育局長通知）」において,情緒障害者を「自閉症又はそれに類するもの」と「主として心理的な要因による選択性かん黙等」の2つのカテゴリーへの分類方針が示され,2006（平成18）年3月の学校教育法施行規則の一部改正に至った。

b 特別支援教育におけるASD教育の課題

ASD教育方法論の開発及び展開は,自閉症の原因論の変遷により大きく影響を受けてきたが,現在では純粋な心因性の情緒障害ではない発達障害としての位置づけが明確となった。特別支援教育体制へのスタートとなった文部科学省の「21世紀の特殊教育の在り方について（最終報告）」[14]をみると「自閉症」と心因性の情緒障害のそれぞれに対して特性に応じた教育的対応の検討の必要性や知的障害と「自閉症」を併せ有する児童生徒の対応の必要性が述べられている。前者は,先に述べた学校教育法施行規則の一部改正（第140条）によりその取り組みの方向性が示されることになった。後者の知的障害を持つASDの教育方法,教育内容に関する問題は,大きな課題であるが,これらに取り組もうとする試みもなされてきた[9,10,11]。

さらに今後取り組みを強化しなければならない問題として「自閉症」（ASD）を併せ有する児童生徒の行動上の問題（行動障害）への対応がある。この問題は,障害者福祉の世界では2015（平成27）年度より「強度行動障害支援者養成研修」[20]として全国的に取り組まれているが,行動障害が重篤になるのは学齢期であるにもかかわらず,学校教育の世界では,統一した取り組みが行われていない状況が続いている。

また,特別支援教育に携わる教師の専門性の問題も大きな課題である。特別

支援教育体制に移行（2007〈平成19〉年）して以降の傾向の1つは，自閉症・情緒障害学級の学級数と在籍者数の増加である。このことは，多くの専門的知識や技術を持たない特別支援学級担任と対応が容易でないASDの児童生徒との組み合わせが増える可能性を意味している。充実したASDの学校での支援を構築するために，これらの課題を念頭に置いていく必要がある。

　ASDの理解が進み多くの研究や教育実践が積み上がる中でASDへの取り組みの端緒は少しずつではあるが進んできているように思われる。これまでの到達点と残された問題を認識しながらASDの教育の発展に取り組んでいくことが望まれる。

■引用・参考文献

1) American Psychiatric Association：Diagnostic and Statistical Manual of Mental Disorders, Fifth Edition: DSM-5　American Psychiatric Association　2013（高橋三郎・大野裕監訳：精神疾患の診断・統計マニュアル　医学書院　2014）
2) Asperger, H.：Die "Autistischen Psychopathen" im Kindesalter. Achiv für psychiatrie und Nervenkrankheiten, 117, 76-136, 1944（ウタ・フリス編著，冨田真紀訳：自閉症とアスペルガー症候群　東京書籍　1996, 83-178）
3) Baron-Cohen, S., Leslie, A. M., & Frith, U.：Dose the Autistic Child have a "theory of mind"? Cognition, 21, 37-46, 1985
4) Delacato, C.H.：The Ultimate Stranger　Julia Coopersmith Literary Agency　1974（阿部秀雄訳：さいはての異邦人——いま自閉の謎を解く　風媒社　1981）
5) Frith, U. Autism：Explaining the enigma　Oxford: Basil Blackwell　1989（冨田真紀・清水康夫訳：自閉症の謎を解き明かす　東京書籍　1991）
6) 肥後祥治：子どもたちの抱える行動上の問題への挑戦　明治図書　2010
7) Hobson, R.P.：The autistic child's appraisal of expressions of emotion. Journal of Child Psychology and Psychiatry, 27, 321-342, 1986
8) Kanner, L.：Autistic Disturbances of Affective Contact. Nervous Child, 2, 217-250, 1943
9) 国立特殊教育総合研究所：自閉症教育実践ガイドブック——今の充実と明日への展望　2004
10) 国立特殊教育総合研究所：自閉症教育実践ケースブック——より確かな指導の探究　2005
11) 国立特別支援教育総合研究所：自閉症教育実践マスターブック——キーポイン

トが未来をひらく　2008
12) 小林重雄：自閉症——その治療教育システム　岩崎学術出版　1980
13) Marco Iacoboni：Mirroring People: The New Science of How We Connect with Others　2008（塩原通緒訳：ミラーニューロンの発見　早川書房　2009）
14) 21世紀の特殊教育の在り方に関する調査協力者会議：21世紀の特殊教育の在り方について（最終報告）　文部科学省　2001
15) 特別支援教育の在り方に関する調査研究協力者会議：今後の特別支援教育の在り方について（最終報告）　文部科学省　2003
16) 太田昌孝・永井洋子編著：自閉症治療の到達点　日本文化科学社　1992
17) Rutter, M., Bartak, L., & Newman, S.：Autism: A central disorder of cognition and Language? In M. Rutter (Ed.) Infantile autism: Concepts, characteristics, and Treatment, 148-171, London: Churchill Livingstone, 1971
18) 榊原洋一：脳科学と発達障害——ここまでわかったそのメカニズム　中央法規出版　2007
19) ショプラー, E.・オーリー, J. G.・ランシング, M. D. 著, 佐々木正美・大井英子・青山均訳：自閉症治療教育プログラム　ぶどう社　1985
20) 牛谷正人・肥後祥治・福島龍三郎：行動障害のある人の「暮らし」を支える（第3版）　中央法規出版　2018
21) Wing L.：Asperger's Syndrome: A clinical account. Psychological Medicine, 11, 115-129, 1981
22) Wing L.：The Autistic Spectrum: A Guide for Parents and Professional Constable and Company Limited　1996（久保紘章・佐々木正美・清水康夫監訳：自閉症スペクトラム—親と専門家のためのガイドブック　東京書籍　1998）

Ⅳ部

障害児の発達特性とその教育

12章　感覚系障害

1節　視覚障害

1　視覚障害とは

a　視覚障害の定義

　視覚障害とは，未熟児網膜症や白内障などの眼の疾患に伴い，メガネなどによる矯正では回復しない永続的な視覚機能（視力・視野など）の低下があり，活動や社会生活上に制約のある状態，と定義される。

　特別支援学校（視覚障害；「盲学校」）に就学する視覚障害の程度については，「両眼の矯正視力がおおむね 0.3 未満のもの又は視力以外の視機能障害が高度のもののうち，拡大鏡等の使用によっても通常の文字，図形等の視覚による認識が不可能又は著しく困難な程度のもの」とされている（2章27頁参照）。

b　視覚障害の分類

　視機能の程度の側面から視覚障害は，「盲」と「弱視」に大別される。「盲」は，主として聴覚や触覚を活用して学習し，光もまったく感じない視力 0 の子どもから視力 0.02 程度の子どもが含まれている。「弱視」は，通常の文字を用いた学習が可能であるが，文字の拡大や拡大鏡などを活用して学習し，視力は 0.02 程度から 0.3 未満の子どもが含まれている。

2　視覚障害児の発達

a　視覚障害の発達への影響

　視覚障害児は，他者の動作や行動を視覚的に模倣することや，外界の視覚的刺激を得ることが困難である。このため，外界に向かうモチベーションが自然に生起しにくく，探索行動や運動発達，概念形成などの発達に二次的な影響を

及ぼす。たとえば，視覚障害のない乳児では生後4か月半頃から視覚的刺激を手がかりとした外界へのリーチング（物に手を伸ばす行動）がみられるのに対し，盲乳児が音のする物に手を伸ばす行動が出現する時期は生後10か月頃になる[1]。また，粗大運動発達では，座位（一人座り）が平均8か月，独歩が20か月と，かなり遅れる[9]。手指運動は発達領域の中でも特に発達に遅れを示す[1)2)8)]。

b 自己刺激行動

視覚障害児は，発達の過程で目を押したり，眼前で手を振ったりするなどの反復性の行動をすることがあり，この行動をブラインディズム（blindism）という[2]。こうした行動は，健常幼児においても発達の過程で出現するものであり，刺激不足を自分で補うために出現する。視覚障害児では，視覚情報が得られないことによって，特に顕著に現れるという解釈ができる。

c 言語発達とバーバリズム

バーバリズム（verbalism：言語主義）とは，体験的に裏づけられていないことばのうえだけで発せられる言語と行動であり[2]，視覚障害児は直接体験に制限があることから，バーバリズムに陥りやすい。表出言語の豊かさに惑わされず，経験的背景を伴って言語を理解しているかどうかを捉えることが重要である[7]。

3 視覚障害児の理解

a 盲児の心理的特性

触覚は手や指先を動かして物を触り，その物の情報を集めるため，その物の情報は触った指先の範囲からしか入ってこない。このため，視覚は一見して捉えられるのに対し，触覚は情報を得るために多くの時間を要する。また，指先の限られた範囲から継時的に情報が入力されるため，全体と部分の関係把握が非常に困難であり，部分と部分を切り離した認知が起こりやすい[4]。また，触覚は自ら指先を能動的・探索的に動かさなければ情報が得られない。したがっ

て，積極的かつ効率的に指先を動かして触る方法を十分に指導する必要がある。

b 弱視児の心理的特性

弱視児は，一般的に視覚的に物を捉えるときに，細部まで明確に見えにくい状況にある。視覚障害の原因となる疾患はさまざまであり，見え方は千差万別であるため，個々の弱視児の見え方を踏まえた対応が必要である（図12-1）。また，弱視児は5cm程度の極端に近い距離で物を見る[6]ため，盲児と同様に全体と部分の関係把握が困難である。数メートル離れた文字や人の顔がわからない，月や星などは認知できないといった特徴もある。

4 視覚障害児の教育

a 視覚障害児の教育課程

視覚障害教育における教育課程は，通常の教育に準ずる各教科等と，視覚障害に起因する困難に応じた自立活動の指導からなる。視覚障害教育における自立活動の指導内容は，盲児では触覚の活用，点字のレディネス，歩行・日常生活動作，弱視児では視知覚能力の向上，視覚補助具の活用などが挙げられる。視覚障害と知的障害を併せ有する重複障害児で，知的発達段階がおおむね6歳を超える程度である場合は，準ずる教育課程の一部または全部を下学年適用し，学習能力の実態に応じた教科の内容を選定する。また，知的発達段階が5歳以前の重複障害児では，自立活動を主とした教育課程を編成し，感覚や認知，歩行・移動，日常生活動作などを中心に，発達段階に応じて指導内容を配列する。

b 視覚障害児への指導の基礎

視覚障害児の場合，発達や学習の基本である「見て模倣する」こと，いわゆる視覚的模倣が困難であるため，指導上の工夫・配慮が必要である。

盲児にとって具体的に概念やイメージをつくりにくいものとしては，たとえば，大きすぎるもの（山，海等），小さすぎるもの（アリ，微生物等），遠くにあるもの（太陽，月等），こわれやすいもの（クモの巣，シャボン玉等），危険なもの（熱湯，火，花火等），気体の状態のもの（雲，霧等），動いているもの

12章 感覚系障害　161

	状態		眼疾患	対応		状態		眼疾患	対応
正視	視野障害もなく、ピントも合っている状態								
ピンぼけ状態	カメラのピントが合っていないような状態。弱視児の屈折異常を矯正するのは大変難しいため、どこかぼけた状態で見ている者は多い		未熟児網膜症等	文字の拡大などが有効	求心性視野狭窄	周辺部から視野が狭くなっていき、薄暗いところで見えにくい夜盲も現れる。中心の視野が残っている場合、明るい場所では視力が保たれていることもある		網膜色素変性症・視神経萎縮・緑内障等	歩行の際、障害物等への注意が必要
混濁状態	すり硝子を通して見ているような状態。眼球内の中で光が乱反射してしまうため、まぶしがる者が多い		眼球・虹彩欠損・網膜色素変性症等	まぶしさを軽減する遮光眼鏡の使用。白黒反転が効果的	中心暗点	視野の一部が見えない状態を暗点と言い、中心に暗点があると良好な視力が得られない。色の見え方等に異常が生じることもある		黄斑部・視神経萎縮等	視線をずらして周辺の視野を使ってみる「偏心視」を理解する
暗幕不良状態	眼球内を電室状態に保てず、周囲が明るすぎて映像がきれいに見えない状態		眼球・虹彩欠損・白子症等	まぶしさを遮光眼鏡の使用。白黒反転が効果的	光源不足状態	うす暗いところで外界が暗く見えにくくなる、夜盲の状態		小眼球・虹彩欠損・網膜色素変性症等	夜間の歩行に注意が必要

図12−1　弱視の見え方と眼疾患・対応について

(電車，動いている動物等）などは，触って捉えることが難しいため，その認知が困難になる。一方，目で見ただけではわかりにくく，触ってこそよくわかることもあり，温度や触感（つるつる，ざらざら）などを感じること，表と裏を同時に触って把握すること，手にのせたり持ち上げたりして重さを把握することなどは，視覚よりも触覚のほうがわかりやすい。こうした経験に基づく学習の困難さと，触覚を通した認知の特徴があるため，視覚障害児の保有する感覚を活用して，いかにして直接体験に基づいて指導をするかということが，視覚障害教育の最も重要な点である。これらは弱視児にもおおむね共通していると考えてよい。

　また，視覚障害児の触覚や見えにくい目を通しての学習では，事物や状況の認知・把握に時間を要するため，はじめてのことに時間がかかるという特徴がある。しかし，基礎・基本を習得すれば，その後の学習は早く習得しやすい。そのため，学ぶ内容を精選して，基礎・基本の習得のために，時間を保障することが重要である。

　視覚障害児が体験を通して学習する際には，ことばも大切な役割を果たす。触ったイメージや見えにくい目で見たイメージは時として不確かであるため，感じたことをことばにさせ，そのことばを修正したり，「それでいいんだよ」と伝えたりし，体験とことばが結びつくようにする。その際のことばかけでは，「そこ」「あそこ」などの指示代名詞は避け，位置・方向や状況を具体的に示すことが重要である。たとえば，「今右手の人差し指で触っているところ」「左にあと2歩」などと具体的に表現したり，全体的な配置を説明するときなどは時計の文字盤の位置で説明したりする（12時の位置にお弁当，3時の位置にケーキ，7時の位置にハンバーグがある，など）。

c　盲児への指導

1）触覚の活用と文字の指導

　触覚はもともと皮膚に何か刺激のあったことを把握する感覚なので，形の把握をするために発達した感覚ではないため，触って形を理解する力を育てるためには系統的な指導が必要である。視覚障害教育では，触って観察することを「触察」という。上手な触察の方法として，①両手を使って触る，②すみずみ

までまんべんなく触る，③基準点をつくって触る，④全体→部分→また全体と繰り返し触る，⑤触圧をコントロールして触る，⑥温度や触感を意識して触る，などの方法を身につけさせることが重要である[5]。

盲児が使用する点字は，6点の組み合わせで，かな，数字，アルファベット，各種の文章記号，数学・理科の記号，楽譜なども表す（図12-2）。すべて横書きで左から右へと読む。点字を書く器具には，点字盤と点字タイプライター（図12-3）がある。点字盤では点筆で紙に1点ずつ点字を打ち出すため，読みとは左右が反転し，導入期には難しい。これに対し，点字タイプライターは，6点に対応したキーを同時に押すことにより，一度に1文字ずつ点字を打ち出すため，点字盤に比べて速く書くことができ，読みと書きが同方向であるため導入期には有効である。

2）歩行指導

視覚障害児が「一人で，安全に，能率良く，目的地に行って，そこに行った目的を達成する」ための能力を養うことを目的に歩行指導を行う。目的地は，自分の教室から保健室まで，玄関から校門まで，校門のそばにあるコンビニに買い物に行くこと，電車に乗っ

図12-2　点字50音一覧
（凸点：読むときの向き）

図12-3　点字タイプライター

て登下校することなど，その子どもの発達段階や歩行技術によってさまざまである。歩行指導では，歩いている自分の位置などの自己と環境との空間的関係性を理解する力を育てることと，スムーズに身体を動かして移動する力を育てることの両方を指導することが重要である。

視覚障害児の歩行指導においては，白杖の操作法も指導する。白杖の役割には，①白杖を身体の前方で振り障害物などを探知する安全の確保，②白杖の先端で路面の変化や手がかりを得る情報の入手，③ドライバーや歩行者に注意を促す視覚障害者としてのシンボルなどがある。

3）触覚および聴覚の活用に対応した教材・教具と学習環境の工夫

触覚および聴覚の活用に対応した教材・教具には，①各種の点字図書や録音テープ，読み上げソフト，②実物・模型・標本，③凸線で描かれた地図などの触覚教材，④点字教科書，⑤ボールペンで描くと線が浮き上がる表面作図器（レーズライター），⑥そろばん・定規・時計・音声測りなどの各種盲人用計測器，⑦立体コピー・3Dプリンター，⑧光の明暗の変化を音で表す感光器などさまざまなものがあるため，それらを有効に活用することが重要である。

d 弱視児への指導

1）視覚の活用と文字の指導

弱視児は視力が低く，その他の視機能障害もあるために，生活の中での見る経験が量的・質的に不足しがちであり，その結果，物の形や特徴を正確に理解することが難しい場合がある。そのため，特に幼児期から小学校低学年にかけて，基本的な視覚活用や目と手の協応を促す指導が不可欠である。具体的には，①対象を意識的に見る注視を促す指導，②対象を見ながら目や頭を動かして追いかけて見る追視を促す指導，③ひも通しやシール貼り，迷路，はさみの練習などを通して文字の書き，日常生活動作の基本となる目と手の協応を促す指導などがある。

また，弱視児は細かいものが見えにくく，似ている字を間違えたり，読みの速度が遅かったりするため，読みに苦手意識を持つことがある。読んだ内容を捉えるためには一定の読む速さ（読速度）が必要であり，同じ文章で時間を計りながら複数回読み，読速度を向上させる指導を行うことが重要である。

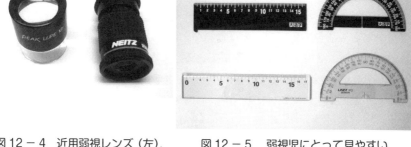

図12-4 近用弱視レンズ（左），単眼鏡（右）

図12-5 弱視児にとって見やすい定規・分度器
＊上の定規と分度器は白黒反転になっており，白内障など混濁のある疾患の弱視児は特に見やすい
＊分度器は紙面上の線と合わせやすい形になっている
＊左下の定規は数字がゴシックで大きめで，光が反射しにくい
（上：大活字社製，左下：LION社製，右下：LINEX社製）

また，文字の書きにおいては，はじめて学ぶときに正しい文字の形と書き方を身につけさせることが重要である。特に筆順は，その文字を書くときに無駄なく形を整えて書ける順番であり，多少バランスが崩れていても間違いなく読める文字が書けるよう，正しい筆順を身につけさせることは重要である。

2）補助具活用の指導

弱視児の見えにくさを補う補助具として，弱視レンズや拡大読書器，タブレット型情報端末などがある。弱視レンズには，読書・観察・携帯電話の文字などの近くのものを見るときに使う近用弱視レンズ（ルーペ）と，黒板や掲示板，壁の時計などの遠くのものを見るときに使う遠用弱視レンズ（単眼鏡）がある（図12-4）。どちらも活用するためには習熟が必要であり，早い段階からの系統的な指導が重要である。拡大読書器は，視力がかなり低い（0.02〜0.05程度）弱視児にとって，拡大率が高いことから有効である。タブレット型情報端末は，近くや遠くの対象物の写真を撮って，手元で拡大して見たり，データとして保存したりするなどの弱視レンズのような使い方や，デジタル図書やデジタル教科書の読みなどの使い方ができる。

3）見えにくさに応じた教材・教具と学習環境の工夫

見えにくさに応じた教材・教具には，①拡大コピー・拡大教材，②拡大教科書，③書見台・手元を照らすライト，④マス目が大きく罫線が太いノート，⑤数字が大きく見やすい定規・分度器（図12－5）などのさまざまなものがあるため，有効に活用することが重要である。また，照明の確保とコントロールなど，学習環境の整備が非常に重要である。それぞれの弱視児の見え方や天気等に応じて，カーテンやブラインド，座席の位置などを調整することが必要である。

■引用・参考文献

1) Fraiberg, S.：Insight from the Blind　Basic Books　1977
2) 五十嵐信敬：視覚障害幼児の発達と指導　コレール社　1993
3) 香川邦生：視覚障害教育に携わる方のために　慶應義塾大学出版会　2016
4) 小柳恭治・山梨正雄・千田耕基・志村洋・山県浩：視覚障害児のパターン認識の発達とその指導　国立特殊教育総合研究所紀要10巻　1983
5) 森まゆ：盲児の指導．青柳まゆみ・鳥山由子編著：視覚障害教育入門　2012
6) 中村央・佐島毅：1歳弱視幼児の視覚活用に関する事例的検討――接近視に焦点を当てて．弱視教育，51 (2), 2013
7) 佐島毅：視覚障害乳幼児の言語発達――表出と理解の発達から読み解く象徴機能獲得への基礎　視覚障害教育ブックレット　ジアース教育新社　2007
8) Warren, D.：Blindness and early childhood development　New York: The American Foundation for the Blind　1984
9) 山本裕子・岩田圭子：0歳児盲児の発達について　東京都心身障害者福祉センター研究報告集　1971

2節 聴覚障害

1 聴覚障害の定義

a 音と聴覚

　音とは，物理的なものであり，空気の圧縮と膨張が繰り返し変化することによって生じた波動（音波）である。音波といわれる波動は，強さ（パワー）と振動数，そして波形によって表現される。心理的には，音の大きさ（ラウドネス）と音の高さ（ピッチ），音色に対応する。音が大きいとか小さいとか（ラウドネス）は，聞き手個人の心理的判断である。これを物理的には音の強度として，デシベル（dB）尺度で表記する。0dBを基準（最小可聴値）として，音の大きさを表示する。人間の聴覚は，その器官を守るために，一定レベル以上の大きさの音を聞くことはできない（上限は115～140dB）。このレベル以上になると強い痛みを伴う（ジェットエンジン音は約120～160dB程度）。音が高いとか低い（ピッチ）は，聞き手の心理的事象であるが，物理学では1秒当たりの振動数を意味する周波数（ヘルツ：Hz）で表記する。波長が短く，つまり速い音波ほど，周波数は高く，高い音として聞こえる。反対に波長が長くなれば，周波数は減少し，低い音として知覚される。周波数もまた，聴取できる範囲に制約があり，約15Hz～1万2000Hzないし1万8000Hzくらいまでといわれている。ことばに関しては，300～4000Hz（500～2500Hz）の範囲が重要な周波数レンジとなる。

b 聴覚障害とは

　外界で生じる音は，単純な音の集積ではない。中でも，人間の発する音声は，さまざまな周波数，音圧レベルの変動から構成されており，音声を処理する過程は複雑である。聴覚中枢，つまり聴覚の中心的役割を担うところは，外界から隔絶された大脳の中に位置する。大脳では，基本的に電気的な信号，すなわち神経インパルスによってさまざまな情報の伝達が行われているため，音波という空気の疎密波（縦波：進行方向と同じ向きに振れる）は，電気的な信号に変

換される必要がある。

音を処理する過程は，大別して3つのプロセスからなる。①空気の疎密波を振動へと変換するプロセス，②振動を増幅するプロセス，③増幅された振動を電気的信号に変換し，聴覚中枢へ伝達するプロセスである。それぞれのプロセスに，外耳，中耳，内耳が対応する（図12−6，図12−7）。疎密波である音波は，耳介から外耳道を経て，鼓膜にぶつかる。外耳と中耳（鼓室）とを遮断している鼓膜は，その内側と外側とで圧力差があるため，鼓膜そのものが音波に応じて振動する。この鼓膜の振動エネルギーが耳小骨（ツチ骨・キヌタ

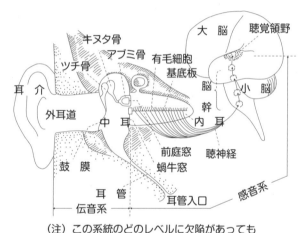

（注）この系統のどのレベルに欠陥があっても難聴は生じる。

図12−6　解剖学的にみた聴覚系統

空気の圧力変化を振動エネルギーへ変換するプロセス
　外　耳　｜耳　介　→　外耳道　→　鼓膜へ｜

振動エネルギーを増強するプロセス
　中　耳　｜鼓　膜　→　耳小骨（ツチ骨・キヌタ骨・アブミ骨）　→　蝸牛へ｜

音響的エネルギーを電気的信号へ変換する
　内　耳　｜蝸　牛（卵円窓→リンパ液→コルチ器の有毛細胞→蝸牛神経）　→　聴覚中枢｜

図12−7　聴覚情報処理過程

骨・アブミ骨）のテコの原理により増幅され，内耳（卵円窓）へと伝えられる。内耳（蝸牛）はリンパ液で満たされており，耳小骨の運動エネルギーがリンパ液の波動を導き，リンパ液の波動が感覚細胞を刺激し，電気的信号を生じさせる。つまり，内耳において，音波の音響学的エネルギーが電気的信号へと変換され，その神経インパルスが蝸牛神経路を通り，大脳皮質の聴覚中枢に至るのである。これらの経路のどこかに異常があると，聴く能力，つまり聴力は影響を受けることになる。この聴力の損失を聴覚障害という。

c 聴力検査

　音が強さと速さで，つまり音圧（dB）と周波数（Hz）で表現できるように，聴力もこの2つの側面から測定され，聴力の程度を意味する聴力レベルが測定される。どの周波数がどのくらいの大きさで聞こえるのかを知るために，音刺激として純音を用いる。聞こえるか聞こえないかの自覚を求める自覚的検査と行動などの応答をみる他覚的検査に大別される。乳幼児の場合は，自覚を求めることが難しいことから，聴性脳幹反応聴力検査（ABR），聴性行動反応聴力検査（BOA），条件詮索反応聴力検査（COR），ピープショー聴力検査などが用いられる。

　自覚的検査法としては，一般に，標準純音聴力検査，言語音を音刺激として用いる語音聴力検査などがある。標準純音聴力検査（気導聴力検査と骨導聴力検査）は，どのレベルまで聞こえるのかといった最小可聴値を特定し，聴力の程度である平均聴力レベルを求めるのに広く用いられている。語音聴力検査は，中枢性難聴（後述）の診断に適用されている。その他，鼓膜ならびに耳管機能などを調べるインピーダンス・オージオメトリは，軽度の伝音性難聴の診断に有効とされている。

d 聴力損失の程度

　聴力の程度は，ことばの聞こえに重要だとされる 500Hz（a），1000Hz（b），2000Hz（c）の聴力閾値をもとに，(a+2b+c)/4 により，平均値を算出する。この平均聴力レベルに基づき，「軽度，中等度，高度，ろう」といった分類，世界保健機構（WHO）による「mild（軽度），moderate（中度），moderately severe（中高度），severe（高度），profound（重度）」がある。また100dB以上であってもまったく聞こえないわけではない。ほとんどの場合，低い周波数の聴取は可能であるという知見から，ろうという表現が避けられ，「軽度（39dB以下），中等度（40～69dB），高度（70～99dB），重度（100dB以上）」という表現が使われる場合もある。高度と重度の聞こえの違いは，耳元で大きな声が聞こえるかどうかである。わが国の身体障害者福祉法では，平均聴力レベル70dB以上の高度難聴より身体障害者福祉手帳が交付される（両耳聴力レベル70dBは6級，両耳聴力レベル100dB以上は2級）。聴力レベルで聴力の程度を知ることは可能だが，その解釈はそれほど単純ではない。15dBくらいの聴力レベルの子どもでも，聴くことに困難を示す場合もあり，25dBを超える場合でも，何ら日常的に問題を持たない子どもも存在する。聴力型（オージオグラムにおける各周波数ごとの聴力レベルの変化）による違い，先天的か後天的か，両側耳にわたる障害か一側耳だけの障害か，一過性か永続的なものか，また補聴器・人工内耳装用による聴覚活用の程度などのさまざまな要因がかかわってくるからである。特に聴力の損失が軽度である場合は，軽度の難聴という事実に気づくことなく，注意欠陥，落ち着きがないなどの行動上の問題として捉えてしまうことがある。専門家による診断が不可欠である。

2 聴覚障害のタイプ

空気の振動は，①伝音系（外耳，中耳）を経て，②感音系（内耳，上位聴覚中枢路）へ至ることから，これらの部位の障害に基づき，一般に聴覚障害は，伝音性難聴，感音性難聴，混合性難聴，中枢性難聴とに分けられる。

a 伝音性難聴

外耳から内耳に至る過程において，何らかの異常・障害が原因となって聴力の低下を招く。一過性の，軽度から中等度の難聴を生じる。聴力図（オージオグラム）では，気導聴力と骨導聴力のズレが特徴である。しかし内耳については何ら損傷はなく，大脳への伝達は正常に機能している。したがって，空気の振動を中耳を介することなく，内耳へ直接伝達可能にすれば，聴力の改善は可

能である。この原因には，先天性奇形（耳小骨の形の異常など），中耳炎，耳小骨が硬化する耳硬化症，外傷性損傷などがある。特に中耳炎は，児童において，伝音性難聴をもたらす大きな原因となっている。中耳炎には，急性，慢性，滲出性，真珠腫性など，いくつかのタイプがあるが，一般に，いわゆる風邪やウイルス性の細菌による感染・炎症が耳管機能に影響を与え，中耳腔（鼓室）内の圧力を低下させることが主な原因と考えられている。早期の医学的な治療により，聴力が回復・改善する可能性はきわめて高い。

b　感音性難聴

内耳である蝸牛あるいは蝸牛神経系に異常・障害が生じたことによる難聴である。この難聴は，伝音性難聴と異なり，医薬や医学的処置による回復は難しい。しかも一過性でなく，永続する傾向があり，また進行性のものもある。音を分析・弁別する能力に問題があり，音を大きくしても何の音か，何を言っているかわからないという状況になる。聴力の損失は，中等度から重度に及び，特別支援学校（ろう学校）の在籍者のほとんどはこの感音性難聴である。主な原因としては，先天性・遺伝的な要因によることが多い。したがって聴力の障害だけでなく，他の障害を併せ持つこともある。胎生期における母体のウイルス感染は，重度の聴力の損失をもたらす。風疹のような感染の他，抗生物質などの薬物中毒，梅毒などがある。特に妊娠3か月以内に風疹感染したことが原因で難聴児が生まれた症例は，過去に数多く報告されている（現在はワクチンが開発され，この風疹感染による症例はほとんどみられない）。乳幼児期における，麻疹，流行性耳下腺炎，インフルエンザなどによる感染症もまた内耳の障害を導く。周産期の酸素欠乏症，未熟児，分娩外傷，Rh式血液型不適合，髄膜炎などもまた，感音性難聴の原因とされている。

c　混合性難聴

永続的な感音性難聴に一過性の中耳疾患が併発した場合，伝音性と感音性の合併症に至ることが多い。このタイプを特に混合性難聴という。

d 中枢性難聴

中枢性難聴は，特に聴力の損失は認められず，音を聞くことは可能だが，意味を解することに困難を示す。脳幹や大脳の聴覚中枢神経系における聴覚情報の処理に問題があるとされているが，その診断は難しく，原因は不明である。末梢性レベルの神経系には何ら異常が認められないのに対し，それ以上の処理レベルで問題を持つと仮定されている。騒音のある状況下での聞き取りが困難であり，語音明瞭度の低下，方向感の悪化などの問題がみられる。また注意持続が短く，異常行動も目立ち，言語学習に遅れを示すことから，行動上の障害と診断されることもあり，「限局性学習症」（SLD）の範疇に入れることもある。

3 発達的観点からの問題と対応

聴力の損失による影響は，発達面においても大きな影響を及ぼす。障害の時期，サポートを含めた環境による影響などのさまざまな要因がかかわってくる。何よりも個人差が著しく，年齢を経るにつれてその差は大きくなる。

a 聴覚障害の出現率

聴力の損失が軽度である難聴児は，ろう児（重度聴覚障害児）のおよそ15〜25倍と推定されている。諸外国をも含めた難聴の出現率は，0.043〜0.245%との指摘がある[1]。一般にろう児（重度聴覚障害児）の出現率は，難聴児と比べてかなり低い。特別支援学校（ろう学校）在籍児童数は，1959（昭和34）年の2万744人をピークに，2017（平成29）年現在5546人（重複も含めると8269人）。それに対し，特別支援学級（難聴）に在籍する児童生徒は，1977（昭和52）年の2120人がピークで，2017（平成29）年現在では1712人（小学校1242人，中学校470人），通級による指導を受けている児童生徒は2017（平成29）年現在2196人（小学校1750人，中学校446人）である。

b 母子コミュニケーション

生まれながらにして聴力が失われた子どもは，母親（養育者）との関係において，多くの制約を強いられることになる。聞くこと，そして音声を発する回

路のコミュニケーションを欠くことは，母と子にみられる愛着行動（アタッチメント），社会的・認知的相互作用の開始に影響を及ぼす。コミュニケーションの基礎が形づくられるこの音声言語による体験がないことの意味は，健聴児とは異なる体験を持つことであり，その差異性がその後の言語的・認知的・社会性の発達に影響を及ぼすことは否定できない。

4 聴覚障害児の発達特性

a 言語発達

言語習得（3歳）以前の失聴は，言語習得以後の失聴よりも言語発達に大きな影響を及ぼす。発声・発語の面でいえば，聴覚障害児は，その明瞭さに問題を持つ。子音，特に無声子音の省略などが顕著である。基本的に，発声・発語は自ら聴いたように発声されるからである。子音はとりわけ聴き取りにくい。その他，①母音の引き延ばし，②母音の鼻音化，③無声音の有声化などの傾向がある。言語能力は，①聴力の程度，②知能，③聴覚活用の程度，④失聴の時期，⑤両親指導などの要因による影響が働き，個人差が大きい。語彙レベルでは，難聴児で2年の遅れがみられ，ろう児では4～5年の遅滞がみられるといわれる。その他，慣用表現の習得が困難，辞書的意味を超えた文脈的理解が難しい，同意語の使用が制限されているなどの問題を示す。また助詞の使用を含めた文法規則の習得も難しく，文法的な誤りが数多くみられる。

b 認知発達

生まれながらに聴力が失われた子どもは，言語を学習する面だけでなく，知的能力の面においても，その影響を受ける。認知発達の中でも，知的機能に関しては，これまで健聴児との比較において，知能検査が行われ，その発達的特性が研究されてきた。その結果，①言語性検査と動作性検査との違いが著しく，言語性において遅れがみられ，②非言語性の認知課題では，具体的な課題では健聴児とほとんど差はないが，絵画配列，図形類推，マトリックスといった抽象的課題で発達的な遅れがあると報告されている[6]。検査の対象が，聴覚障害児である場合，教示ならびに課題の理解には十分，配慮する必要がある。健聴

児という異なる母集団をもとに作成された知能検査を使用することの有効性，さらに個人差が著しいことなど，知的機能を明らかにしていくうえで多くの課題が残されている。

c 学力

学習が言語的スキルに依存することから，聴力の損失による影響は，言語能力だけでなく，教科の学習へも及ぶ。学力の面について，これまで聴覚障害児の多くは，小学校4年生レベルで停滞してしまうといわれてきた。いわゆる「9歳レベルの壁」である。教科内容がそれまでの具体的なものから抽象的なものへ移行する段階で，つまずくことが指摘されている。視覚的な具体物への依存傾向があるため，視覚的には捉えにくい抽象的概念の理解が困難になるとの解釈がなされている。授業場面では，できるだけ具体例を挙げながら，抽象的概念の理解を促す指導が試みられている。

d 社会性・パーソナリティ

これまで，聴覚障害児（者）のパーソナリティとして，自我構造の未分化，固執性，無邪気，素直，依存心が強いなどの情緒面での未熟さ，衝動性，自己中心性などの傾向が指摘されてきた[4]。しかしながら，パーソナリティ特性は，障害の直接的な影響というよりもむしろ間接的な影響であり，環境（家庭・教育）の要因による影響が大きい。家庭環境でいえば，家庭内における関係の質，特に言語的な相互交渉の量，そして一貫性のある養育・教育の影響が考えられる。また同じ障害の仲間とのかかわりが乏しいと，アイデンティティの形成が困難になることが指摘されている[3]。聴覚障害児自身が自分の障害をどう思っているのか（障害の受容）を理解することが，子どもの理解につながる。

5 聴覚障害児の教育

a 早期発見・早期教育

近年，医療機器の進歩に伴い，障害の有無を早期に診断することができるようになった。最早期教育ということばがあるように，聴覚障害児の場合は，で

きるだけ早くから指導することの重要性が指摘されている。特別支援学校（ろう学校）では，幼稚部入学以前の1〜2歳の乳幼児に対する指導が，教育相談というかたちで実施されている。また学校以外では，福祉・医療機関の療育サービス（難聴幼児の言語指導を行う療育・医療施設など）が，聴覚障害の早期発見・早期療育に努めている。コミュニケーションの成立から言語習得を導く指導を中心に，①親への（障害の受容を含む）援助指導，②個別指導，③遊びを通しての集団指導などが行われている。

b 聴覚活用と言語指導

聴覚の損失による障害（ディスアビリティ）の克服・軽減を目的として，主に聴覚活用，発音・発語指導を含めた言語指導，対人的なコミュニケーション指導，障害認識が中心として位置づけられている。補聴器・人工内耳を効果的に活用し音を聞くことを訓練する「聴覚学習」指導，発音の明瞭度を高める「発音指導」，アクセント，抑揚なども取り入れた「発語指導」，口形・表情からことばを読み取る「読話指導」，そして言語表現，語彙の習得をねらいとした「言語指導」などがある。その他，手話などのコミュニケーション手段の習得，生活全般にわたる指導なども含まれる。特に発音・発語指導については，従来，口話法教育において培われた系統的な指導方法が確立されている[5]。

c コミュニケーション手段

聴覚障害児の教育に関して，特に学校教育において用いられるコミュニケーション手段は，現在それぞれの学校によって違いがみられている。それは，学校教育以外の，聴覚障害児（者）のコミュニケーション形態が近年多様化していることを反映している（図12−8）。幼稚部では，主に「口話」（聴覚口話法を含む）中心の指導がなされてきた。しかしながら，「口話」だけの割合は，小学部，中学部，高等部と学部があがるにつれ，極端に低下していく傾向にある。それに対し，指文字・手話などの手指メディアの割合が高くなることが報告されている。従来の口話法は，補聴器の性能向上，人工内耳の装用とともに聴覚活用を重視した「聴覚口話法」という形態に変わっている。また読話・発声を補うために，母音を示す口型と子音を示す手指サイン（キュー）を組み合

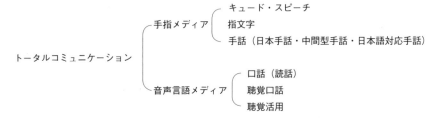

図 12 − 8　コミュニケーション手段

わせた「キュード・スピーチ」を使用する学校がみられるようになった。2000年以降は，手話を導入するろう学校が増加し，キュード・スピーチから指文字に変更する学校も増えてきた。栃木ろう学校の同時法のように，指文字を早期から導入しているところもある。また，早期から文字・手話を導入し口話への移行を図る金沢方式（金沢大学），早期から手話と口話とを併用する聴覚手話法など，教育の場においても，さまざまなコミュニケーション手段が用いられるようになってきた[2]。

　アメリカにおいては，早期からトータル・コミュニケーションが台頭し，世界的には手話を聴覚障害者の言語として認める考えが広まっている。スウェーデンのように，手話を第一言語とし，音声言語を第二言語として教育するバイリンガルろう教育もある（ただし手話から音声言語への転移は限定的だとする見解がある）。高性能の補聴器を装用するケースが増えてきていること，今後，人工内耳の装用が増えること，また読み書きの基礎には音声言語が必要との主張も加わり，手話と聴覚活用をどのようなバランスをもって取り入れるかが大きな課題となっている。教育の場においては，子どもの既有の言語能力ならびに語彙力を知ること，そして現時点で使えるコミュニケーション手段を活かし子どものニーズを満たすことは，必要不可欠な基本的事項である。

■文献

1) 星龍雄：聴力障害児．小林登他編：新小児医学大系第 26 巻　中山書店　1985
2) 文部省：聴覚障害児教育の手引き――多様なコミュニケーション手段とそれを活用した指導　海文堂　1995

3) 村瀬嘉代子：聴覚障害者の心理臨床　日本評論社　1999
4) 岡田明：聴覚障害の心理的特性．岡田明編：聴覚・言語障害の教育と福祉　日本図書文化協会　1978
5) 岡辰夫：たのしいはつおんきょうしつ　コレール社　1996
6) 吉野公喜：聴覚障害児の教育．五十嵐信敬他編：障害児教育　コレール社　1995

13章 知的障害

1 知的障害とは

a 知的障害の定義

知的障害の定義として，下記の3点が挙げられる。

①知的機能に制約がある
②適応行動に制約があり，支援を要する
③18歳以前に生じる発達期の障害である

これらは，アメリカ知的・発達障害学会（American Association on Intellectual and Developmental Disabilities，以下 AAIDD）[1]の定義，アメリカ精神医学会（American Psychiatric Association）の DSM-5[2]や世界保健機関（WHO）の国際疾病分類（ICD）の記述の共通性が高い部分である（表13-1）。わが国でもほぼ同様の説明がなされている。

文部科学省では，ホームページ「特別支援教育について」において「知的障害とは，記憶，推理，判断などの知的機能の発達に有意な遅れがみられ，社会生活などへの適応が難しい状態」と記されるのみであったが，学習指導要領の改訂において，「各教科等編（小学部・中学部）」に同様の記述を盛り込んだ。

程度については，厚生労働省の「知的障害児（者）基礎調査」において知能水準（IQ）と日常生活能力（自立機能，運動機能，意思交換，探索操作，移動，生活文化，職業等）水準の両側面から判断するものの判定においては日常生活能力水準が優先されるとしている（図13-1）。

国際障害分類（ICIDH 1980）から「国際生活機能分類」（ICF 2001）へという障害概念の変遷においては，活動や参加に制約を受けている状況は，知的機能の障害だけでなく環境によると考えられる。適応行動スキルは環境との相互作用によって変化することを考慮すれば，環境の設定しだいで障害の状態も変

表13-1 主要な機関の定義

AAIDD	知的障害は，知的機能と適応行動（概念的，社会的および実用的な適応スキルによって表される）の双方の明らかな制約によって特徴づけられる能力障害である。この能力障害は18歳までに生じる
DSM-5	知的能力障害（知的発達症）は，発達期に発症し，概念的，社会的，および実用的な領域における知的機能と適応機能両面の欠陥を含む障害である
ICD-10	精神の発達停止あるいは発達不全の状態であり，発達期に明らかになる全体的な知能水準に寄与する能力，たとえば認知，言語，運動および社会的能力の障害によって特徴づけられる
文部科学省	特別支援学校学習指導要領解説「各教科等編（小学部・中学部）」[8]「知的障害とは，知的機能の発達に明らかな遅れと，適応行動の困難性を伴う状態が，発達期に起こるものを言う」
厚生労働省	「知的障害基礎調査」における定義「知的機能の障害が発達期（おおむね18歳まで）にあらわれ，日常生活に支障が生じているため，何らかの特別の援助を必要とする状態にあるもの」

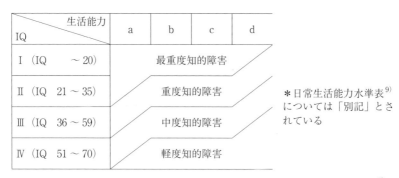

図13-1 厚生労働省 知的障害児（者）基礎調査における程度の定義[5]

わる。その点において，AAIDDが診断の前提としている下記の5項目は貴重な提言である。

　①今ある機能の制約は，その人と同年齢の仲間や文化に典型的な地域社会の状況の中で考慮されなければならない。

　②アセスメントが妥当であるためには，コミュニケーション，感覚，運動および行動要因の差はもちろんのこと，文化的，言語的な多様性を考慮しなければならない。

　③個人の中には，制約と強さが共存していることが多い。

　④制約を記述する重要な目的は，必要とされる支援のプロフィールを作り出

すことである。

⑤長期にわたる適切な個別支援によって，知的障害がある人の生活機能は全般的に改善するであろう。

b 知的障害の原因

知的障害の原因は，病理的要因，生理的要因，心理的（環境）要因に大別される。病理的要因とは病気や外傷など脳障害をきたす疾患や感染症によるものである。生理的要因とは知的障害があるが疾病や外傷が特定できない場合であり，心理的要因は不適切な養育環境により脳の発達が阻害されている場合である。病理的要因については，発症の時期と内的要因と外的要因によるものに分類される（表13-2）。

支援を行ううえで，原因や診断名についての情報は必要不可欠であるが，状態像は一人ひとり異なり，原因も複雑に絡み合っている。

また，多くの保護者にとって「原因」や「診断」に関連した体験は，その後の障害の理解や受容につながる重要なプロセスであるとともに，心的ストレスの大きな出来事として刻まれている。知識を有し，情報を得ることは大切であるが，慎重に対応すべき話題であることを肝に銘じておきたい。

表13-2 知的障害の主な原因と疾患

病理的要因		病気や外傷などが原因で脳に障害を生じたもの
	胎児期変異	遺伝子異常（ウィリアムズ症候群，フェニールケトン尿症，結節性硬化症，脆弱X症候群など） 染色体異常（ダウン症，18トリソミー症候群，モワットウィルソン症候群など）
	胎児期外因	感染症（風疹，梅毒，トキソプラズマ原虫など） 中毒症（薬物，アルコール，一酸化炭素など） 母体の栄養不足，疾病
	周産期	外傷（分娩時の頭部損傷，低酸素症など） 早産による低出生体重など
	出生後	疾病（高熱による脳症後遺症，日本脳炎など） 外傷（けがによる頭部損傷）
生理的要因		脳疾患の原因の特定が難しいもの
心理的要因		乳幼児期の栄養不足，保護者の養育困難，貧困，虐待など

2 知的障害児（者）の特性と理解

a 知的障害の理解

　知的障害の心理的特性として，従来，受動性や依存性，意欲の乏しさ，応用や般化の難しさ，自己評価の低さ，自己調整の困難などが指摘されてきた。これらのパーソナリティ特性は思考，記憶，判断，注意など，知的機能の障害に加え，支援環境の不備により顕在化しやすいネガティブな側面である。論理的に物事を考えることの難しさは，指示を待ち，指示に従う行動傾向を生み，他者への依存性を高める。周囲の言語や文字情報の理解が困難であれば意欲も減退するであろう。失敗経験を重ねることは自己評価の低下をもたらし，周囲との調整を難しくする。知的機能の障害が引き起こす二次障害ともいえる。

　知的機能を測るためには，言語，動作，記憶，数量，知覚，推理，構成などの項目からなる標準化された知能検査が活用される。検査で導き出されるのが知能指数（IQ＝Intelligence Quotient）であり，精神年齢（MA＝Mental Age）を生活年齢（CA＝Career Age）と比較することで知能の高低や遅れの状況などが示される。IQ の算出方法は図13－2の通りである。知的障害児は年齢が上がるとともに IQ が下がる傾向にある。学習の積み上げを前提とした質問項目が増えるためである。たとえば，特別支援学校高等部を卒業して一般企業で働く18歳の青年も知能検査での結果は精神年齢が7歳でIQは40と算出される。しかしながら，18歳の知的障害者は生活年齢が7歳の児童とは明らかに異なる。また，知的機能に障害があっても年齢相応の内面世界があり，知能検査で示された精神年齢は知的機能の一部の側面を算出したにすぎないことを意識する必要がある。

$$知能指数（IQ）＝\frac{精神年齢（MA）}{生活年齢（CA）}\times 100$$

図13－2　知能指数の求め方

2018（平成30）年発行の「特別支援学校学習指導要領解説各教科等編（小学部・中学部）」[8]においては、「知的機能の発達の遅れの原因は、概括的に言えば、中枢神経系の機能障害であり、適応行動の困難性の背景は、周囲の要求水準の問題などの心理的，社会的，環境的要因等が関係している」とし，適応面での困難性については下記のように整理している。DSM-5の診断基準は表13－3の通りである。

○概念的スキルの困難性	言語発達：言語理解，言語表出能力など
	学習技能：読字，書字，計算，推論など
○社会的スキルの困難性	対人スキル：友達関係など
	社会的行動：社会的ルールの理解，集団行動など
○実用的スキルの困難性	日常生活習慣行動：食事，排泄，衣服の着脱，清潔行動など
	ライフスキル：買い物，乗り物の利用，公共機関の利用など
	運動機能：協調運動，運動動作技能，持久力など

困難性の背景として，たとえば，現代の情報化社会の中では，ICTツールの操作方法や関連する言語の理解など，一昔前と異なったスキルが求められることが挙げられよう。しかし，一方で，それらのツールは，コミュニケーションの道具として言語理解や表出を補い，困難性を軽減する可能性もある。関連して，乗り物の利用について考えてみたい。かつては公共交通機関を利用する場合，切符の購入をしなければならず，そのためには行先表示の文字を読み，その金額を理解し金銭を用意することが求められ，知的障害者が1人で公共交通機関を利用して外出することは難しいと考えられた。近年はICカードの普及により，文字を読むことや数字の意味を理解することが難しい場合でも公共交通機関を利用しての移動が容易になっている。また，写真や絵による視覚的表示の増加やコミュニケーションボードの普及，タブレットや携帯端末のコミュニケーションアプリの開発により，発語や文字の理解が困難でもそれを補う手だてがあれば他者とのコミュニケーションの機会が増え，対人関係スキルの

13章　知的障害　183

図13－3
実利用者研究機構「UD資料館」より転載
https://www.ud-web.info/how_7rule#uni01

表13－3　適応スキルの状況

	概念的領域	社会的領域	実用的領域
軽度	○読字，書字，算数，時間，金銭などの学習を身につけることが困難で，年齢相応に到達するためには支援が必要である ○学習技能の機能的仕様が困難，また抽象的思考，実行機能，および短期記憶に障害が及んでいる	○仲間の社会的な合図を正確に理解することが困難である ○コミュニケーション，会話，言語は固定的で未熟である ○情動や行動を制御することが困難である ○社会的判断で他人に操作される可能性がある	○身辺自立は年齢相応であるが，複雑な日常生活上の課題は支援が必要である ○家事，子育て，金銭管理，銀行取引等に支援が必要である ○娯楽技能は同年代と同等に有する ○概念的な技能に重点を置かない職業につくことができる
中度	○読字，書字，算数，時間，金銭などの理解に時間を要する ○成人においても初等教育の水準にとどまる ○仕事や私生活の学習技能の応用のすべてに支援が必要である	○話し言葉は仲間たちと比べて単純である ○家族や友人との関係を築くことができる ○社会的判断や意思決定に支援が必要である ○コミュニケーションの制限が友人関係に影響する	○食事，身支度，排泄などの身辺自立には長期間の指導と時間が必要となる ○概念的およびコミュニケーションの必要性が限定的な仕事であれば自立して就労できる ○社会的な期待，仕事の複雑さ，計画，金銭管理などは同僚や監督者からかなりの支援が必要である
重度	○書かれた言葉，数，量，時間，金銭などの概念を理解することは困難である ○支援者は，生涯を通して問題解決にあたり，広範囲にわたって支援する	○会話は単語あるいは句，そのつながりで行う ○コミュニケーションは，今この場に焦点を当てたものとなる ○単純な会話と身振りによるコミュニケーションを理解できる	○食事，身支度，入浴，排泄を含むすべての日常生活上の行動に支援が必要である ○すべての領域における技能の習得には，長期の教育と継続的な支援が必要である ○自傷行為を含む不適応行動がみられる

出典：DSM-5 知的能力障害（知的発達症）の重症度の表を一部抜粋，改変

向上も可能となる。このように，求められる適応スキルは時代の変化とともに変わる可能性があり，困難が困難でなくなるための支援の充実や環境の工夫がさらに求められる。

近年では，積極的に社会参加し，さまざまな分野で自己実現を果たしている知的障害者も多い。好きなことに取り組み，人とのかかわりを楽しみ，強みを活かして豊かな生活を送っている。周囲の適切なかかわりと支援が根幹にあることは言うまでもない。

b 知的障害児の学習特性と支援の工夫

知的障害児に共通する主な特性について説明するが，発達段階の違いや個人差が大きく，支援の方法も一様ではないことに留意したい。

1）言語を媒介とした学習が成り立ちにくい

言語発達に遅れがみられることが多く，ことばでの働きかけや説明が理解できなかったり，ことばで意見を表明したりすることが難しい。発語がある場合でも発音が不明瞭で伝わりにくいこともある。身振りやジェスチャー，写真カード，絵カードなど多様な手がかりが必要となる。

2）抽象的な概念の獲得が難しい

具体的で，実際的な内容であれば理解が進むため，学習内容に応じた教材・教具の工夫が求められる。

3）学習の理解と定着に時間が必要である

繰り返し，積み重ねることで定着が可能である。長期記憶として定着させることや必要に応じて想起できるようにするためには，生活文脈の中に組み込むことやこまめな振り返りなどが必要である。

4）応用や般化が困難である

新奇な場面での対応や問題解決のためにそれまでに学んだことや身につけたスキルを活用することが難しい。手だてとしては，枠組みやパターンをつくり，当てはめていくことから広げていくことなどが考えられる。

5）運動面での困難性

粗大運動，微細運動，協調運動において，年齢相応の動きを身につけることに困難が見られる。ボディイメージがつくりにくく模倣が難しいため，必要に

応じて身体的援助を行いながら，動きの獲得を目指すことが求められる。握る，つかむ，つまむなどの手指の微細な動きは，日常生活動作を獲得するにあたって不可欠であり，遊びや創作活動など意欲を喚起しながら取り組む場面設定が必要である。

3　知的障害の教育・療育

a　就学前教育

　知的障害のある幼児にとって，そのニーズに応じて早期から支援を行うことは重要である。文部科学省「特別支援教育資料（平成29年度）」によれば，特別支援学校において知的障害を対象とした幼稚部は全国に19学級（11校）のみであり，現在，専門的支援を必要とする知的障害幼児の多くは地域の児童発達支援事業所（いわゆる療育機関）を利用している。インクルーシブ教育への流れの中で幼稚園・保育所での受け入れも進み，療育機関との併用や療育機関からの訪問支援など，ニーズに応じて柔軟な対応がなされている。

　幼児期は運動発達を促し，身辺自立につながる日常生活動作を身につけ，学習に取り組む基礎をつくる大切な時期である。身近な人への愛着関係を築きながら興味・関心を広げ，遊びを中心に意欲的に活動するための環境づくりは，すべての幼児に共通のことである。しかしながら，知的障害のある幼児は，自ら能動的な働きかけをしたり探索したりする行動が生起しにくく，環境を用意するだけでは遊びが広がりにくい。周囲が意識的に経験を広げる機会を設定する必要がある。身近な人との豊かな情動交流を行いながら愛着を育て，「楽しい」「嬉しい」「できた」という経験を積み重ねることが大切である。

　幼児期の課題のもう1つは，保護者との連携である。この時期の支援の特徴として「親・家族からの発達の遅れや障害の気づきがなければ支援が開始できない」[7]ことが挙げられる。新生児期には主に医療機関が障害の発見，診断を行い支援のスタートを促す立場にあるが，知的障害が軽度の場合は，保育機関において支援の必要性が見出されることが多い。保護者の理解を促し連携して支援に取り組むに至るには，十分な信頼関係を築き，保護者の思いに寄り添うことが大切である。保護者の障害受容と関連して就学前の支援の状況は図13

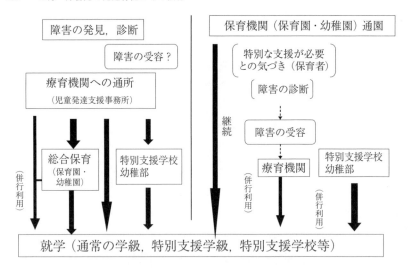

図13－4 特別な支援を必要とする子の幼児期の支援の状況

－4の通りである。

b 特別支援学校・特別支援学級での教育

1）教育課程

知的障害の教育課程編成については，学校教育法施行規則第130条第2項では，「特別支援学校の小学部，中学部又は高等部においては，知的障害者である児童若しくは生徒又は複数の種類の障害を併せ有する児童若しくは生徒を教育する場合において特に必要があるときは，各教科，道徳，外国語活動，特別活動及び自立活動の全部又は一部について，合わせて授業を行うことができる」と定めている。知的障害のある児童生徒の学習上の特性として，学習によって得た知識や技能が断片的になりやすく，実際の生活の場で応用されにくいことが挙げられる。主体的な活動や実際の場面に即した具体的内容や体験が効果的とされ，教科等の枠組みにとらわれない教育課程の編成が認められており，「各教科等を合わせた指導」として日常生活の指導，遊びの指導，生活単元学習，作業学習などの形態で取り組まれてきた。特別支援学校小学部の教育課程は図13－5に示した。各教科等を合わせた指導の概要は表13－4の通りで

13章　知的障害　187

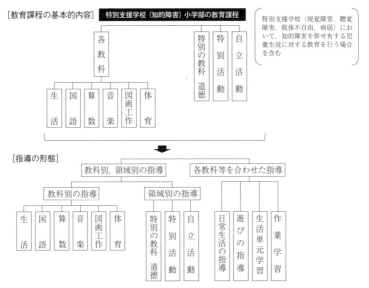

図13-5　特別支援学校（知的障害）の教育課程の構造
出典：平成28年2月22日教育課程部会特別支援教育部会（第6回）資料5
「知的障害のある児童生徒のための各教科に関連する資料」より引用

表13-4　各教科等を合わせた指導の概要

指導の形態	指導のねらい等	具体例
日常生活の指導	児童生徒の日常生活が充実し，高まるように日常生活の諸動作を適切に指導する形態。この指導では，広範囲に各教科等の内容が扱われる	着替え，排泄，食事など基本的生活習慣 朝の会
遊びの指導	遊びを学習活動の中心に据えて取り組み身体活動を活発にし，仲間とのかかわりを促し意欲的な活動を育み，心身の発達を促していく	自由な遊び 設定遊び
生活単元学習	児童生徒が生活上の目標を達成したり，課題を解決したりするために，一連の活動を組織的に経験することによって，自立的な生活に必要な事柄を実際的・総合的に学習する	行事単元（運動会，学習発表会，宿泊学習など）季節単元 交流単元など
作業学習	作業活動を学習の中心にしながら，児童生徒の働く意欲を培い，将来の職業生活や社会自立に必要な事柄を総合的に学習する指導の形態	農耕，園芸，紙工，木工，窯業，印刷，調理，食品加工など

出典：「特別支援学校学習指導要領解説各教科等編（小学部・中学部）」を改変

表13－5　知的障害を対象とする特別支援学校における各教科の段階

	小学部1段階	小学部2段階	小学部3段階	中学部1段階	中学部2段階
段階	主として知的障害の程度は，比較的重く，他人との意思の疎通に困難があり，日常生活を営むのにほぼ常時援助が必要である	他人との意思の疎通に困難があり，日常生活を営むのに頻繁に援助を必要とする	知的障害の程度は，他人との意思の疎通や日常生活を営む際に困難さが見られる。適宜援助を必要とする	生活年齢に応じながら，主として経験の積み重ねを重視するとともに，他人との意思の疎通や日常生活への適応に困難が大きい	生徒の日常生活や社会生活及び将来の職業生活の基礎を育てる
ねらい	教師の直接的な援助を受けながら，児童が体験し，事物に気付き注意を向けたり，関心や興味をもったりすることや，基本的な行動の一つ一つを着実に身に付けたりすること	教師からの言葉掛けによる援助を受けながら，教師が示した動作や動きを模倣したりするなどして，目的をもった遊びや行動をとったり，児童が基本的な行動を身に付けること	児童が自ら場面や順序などの様子に気付いたり，主体的に活動に取り組んだりしながら，社会生活につながる行動を身に付けること	主として生徒が自ら主体的に活動に取り組み，経験したことを活用したり，順番を考えたりして，日常生活や社会生活の基礎を育てる	生徒が自ら主体的に活動に取り組み，目的に応じて選択したり，処理したりするなど工夫し，将来の職業生活を見据えた力を身に付けられるようにしていく

出典：「特別支援学校学習指導要領解説各教科等編（小学部・中学部）」を改変

ある。

　2017（平成29）年告示の「特別支援学校小学部・中学部学習指導要領」は，「初等中等教育全体の改善・充実の方向性」「幼稚園，小・中・高等学校の教育課程との連続性」を基本的な考え方として改訂された（文部科学省　特別支援学校学習指導要領の改訂のポイント）。特別支援学校学習指導要領においても，小・中学校の各教科等の目標や内容等との連続性・関連性が整理され，育成を目指す資質・能力が段階ごとに示された。詳細については，学習指導要領解説の「目標・内容の一覧」を参照されたい。各段階の構成については表13－5にまとめた。教育課程編成にあたっては，「各教科の段階に示す内容を基に，児童又は生徒の知的障害の状態や経験等に応じて，具体的に指導内容を設定するもの」とされ，「個別の指導計画」と，指導方法や指導体制の工夫が求められている。

図 13 − 6　生活単元学習「運動会」における各教科の目標
出典：山口県教育委員会作成「特別支援学校新着任者用 研修テキスト」2013 年改訂版をもとに作成

　生活単元学習「運動会」と教科との関連についての例は図 13 − 6 に示す。
　なお，知的障害を対象とする特別支援学級についても，基本的に小学校・中学校学習指導要領に準じて教育が行われるが，在籍する児童生徒の実態に応じて特別支援学校学習指導要領を参考に教育課程を編成することが認められている。

2 ）授業づくりのポイント
　知的障害を対象とする特別支援学校（以下，知的障害特別支援学校）の授業に求められることは，一人ひとりのニーズに合った学習が組織的に計画されているかどうかである。本人の自立と社会参加のために「必要」かつ「わかる・楽しい」授業でなければならない。まずは「個別の指導計画」，そして意欲を持って参加できる学習内容が組まれた「単元計画」が必要となる。
　「個別の指導計画」では，実態を踏まえた個別の目標が示される。「単元計画」には，学級・学年集団における全体の目標が示されるため，相互の調整が必要となる。筑波大学附属大塚特別支援学校では，発達的視点から学ぶ内容の範囲（7 領域）と学ぶ内容の順序性（5 段階）を整理した「学習内容表」を作成し，それらを「どのように」教えるかを示した「指導計画集」を提案し，集団の授業において「個別の目標」に迫る授業づくりのプロセスを提案している[3]。

190　IV部　障害児の発達特性とその教育

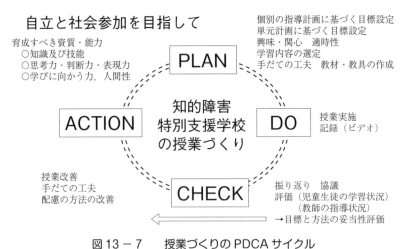

図13－7　授業づくりのPDCAサイクル

　知的障害特別支援学校には，いわゆる「教科書」がない。モデルの「指導計画」はあっても目の前の児童生徒に合致するとは限らない。そのため授業づくりには常にPDCAサイクルが求められる（図13－7）。

　授業の題材・単元名として「おとをきこう」「かずをしらべよう」「ねんどであそぼう」「健康なからだ」「皿を作ろう」など，学習内容を直接的に示す場合が多い。また，「すてきなともだち」「あつまれ！〇〇組！」「いっしょにチャレンジ」「めざせ！おそうじレンジャーたい」「〇〇ランドであそぼう」「歌おう！踊ろう！みんな一緒に世界のリズム♪」「フラワーロードをつくろう」「オリンピックの感動を伝えよう」など，子どもたちの意欲を喚起するネーミングも大切である。「何を」「どのように」学ぶ機会として設定するか，知的障害教育における授業づくりの自由度の高さを活かして，創意工夫を重ねて取り組みたい。子どもたちは目の輝きや笑顔でそれに応えてくれるはずである。

3　知的障害教育をめぐる今日的課題

a　交流及び共同学習

　2012年の「共生社会の形成に向けたインクルーシブ教育システム構築のための特別支援教育の推進（報告）概要」（中教審初等中等教育分科会報告）に

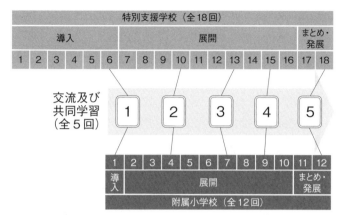

図13-8　両校の指導計画と交流及び共同学習の位置づけ[4]

おいて「多様な学びの場の整備と学校間連携等の推進」が掲げられ，学習指導要領改訂の過程でも「交流及び共同学習」を計画的・組織的に行うことが明記された。

　知的障害特別支援学校においては，「児童生徒についての理解」「特別支援学校についての理解」「人間関係の形成」等をねらいとする「学校間交流」が主流である。「多様な学びの場の連続性」のためには，場の共有から活動の共有へ，さらに学びの共有を目指すことが求められる。群馬大学教育学部附属特別支援学校は校舎を共有する附属小学校との間で，近年，国語科や図画工作科などの教科の学習を「ともに学ぶ」機会と位置づけて取り組んでいる。「共通のねらい」「共通のテーマ」を授業づくりの要とし，教材や活動を調整し指導計画を作成（図13-8），双方が「確かな学びを得る」ことを目指す画期的な取り組みである。

b　意思決定支援

　障害者の権利条約の批准を受けて，わが国においても障害のある当事者が法的権利を行使できることを目指し，本人の自己決定を尊重する原則が確認された。可能な限り本人が自ら意思決定できるよう支援するために，2017年，厚生労働省は「障害福祉サービス等の提供に係る意思決定支援ガイドライン」[6]

を公表した。知的障害者については，意思決定に至る「意思形成」や「意思表出」の力をいかに育むかが，教育に求められる課題でもある。意思形成のためには幼少期から，さまざまな経験をする機会が確保され，本人が理解できる形で情報が提供され，選択する場面や決定する場面が用意されていることが必要である。意思表出について必要とされるのは，音声，身振り，カード，VOCA（Voice Output Communication Aids）などを用いてそれを伝える体験を積み重ねることなどである。

■引用・参考文献

1) American Association on Intellectual and Developmental Disabilities：The AAIDD Ad hoc Committee on Terminology and Classification. Intellectual Disabilities: Definition, Classification, and Systems of Supports, 11th ed. 2010（太田俊己・金子健・原仁・湯汲英史・沼田千妤子共訳，米国知的・発達障害協会用語・分類特別委員会編：知的障害 定義，分類および支援体系 日本発達障害福祉連盟 2012）
2) American Psychiatric Association：Diagnostic and Statistical Manual of Mental Disorders, Fifth Edition: DSM-5 American Psychiatric Association 2013（高橋三郎・大野裕監訳：精神疾患の診断・統計マニュアル 医学書院 2014）
3) 藤原義博・柘植雅義監修，筑波大学附属大塚特別支援学校編著：特別支援教育のとっておき授業レシピ 学研教育出版 2015
4) 群馬大学教育学部附属特別支援学校：公開研究会資料 2018
5) 厚生労働省：知的障害児（者）基礎調査. https://www.mhlw.go.jp/toukei/list/101-1c.html
6) 厚生労働省：障害福祉サービスの利用等にあたっての意思決定支援ガイドラインについて. https://www.mhlw.go.jp/file/06-Seisakujouhou-12200000-Shakaiengokyokushougaihokenfukushibu/0000159854.pdf
7) 宮田広善（主任研究者）：地域における障害児の重層的支援システムの構築と障害児通園施設の在り方に関する研究報告書. 平成20年度障害者自立支援調査研究プロジェクト 全国肢体不自由児通園施設連絡協議会 2009
8) 文部科学省：特別支援学校学習指導要領解説各教科等編（小学部・中学部）2018
9) 岡田喜篤：「精神薄弱児・者の障害認定の基準と入所判定に関する総合研究」報告書 厚生科学研究費補助金 総合的プロジェクト研究分野 障害保健福祉総合研究事業 1998

14章　肢体不自由，重複障害

1　肢体不自由児（者）とは

a　肢体不自由の定義

「肢体不自由」は，肢体（四肢および体幹）が不自由（意のままにならない）状態を意味する。「力が入らなくて動かしたいのに動かせない」「力が入りすぎて思うように動かせない」「動かしたくないのに動いてしまう」「関節や骨の障害により動かすことに制限がある」等，子どもの実態は多様である。

医学的には，次のように定義される。

> 発生原因のいかんを問わず，四肢体幹に永続的な障害があるもの。先天性の四肢体幹の形成の障害や，生後の事故等による四肢等の欠損等，形態的な障害によるものと，脳性まひや二分脊椎，進行性筋ジストロフィーのような中枢神経系や筋肉の機能障害によるものがある[1]。

また，教育学・心理学的には，次のように定義される。

> 肢体不自由とは，身体の動きに関する器官が，病気やけがで損なわれ，歩行や筆記などの日常生活動作が困難な状態をいう[2]。

なお，特別支援学校への就学の基準となる学校教育法施行令第22条の3には「①肢体不自由の状態が補装具によっても歩行，筆記など日常生活における基本的な動作が不可能又は困難な程度のもの。②肢体不自由の状態が①の程度に達しないもののうち，常時医学的観察指導を必要とするもの」と規定されている。

b 主要な起因疾患

1) 脳性まひ

　脳性まひについては，1968（昭和43）年の厚生省脳性麻痺研究班会議で「受胎から新生児（生後4週間以内）までの間に生じた脳の非進行性病変に基づく，永続的なしかし変化し得る運動及び姿勢の異常である。その症状は満2歳までに発現する。進行性疾患や一過性運動障害，または将来正常化するであろうと思われる運動発達遅滞は除外する」と定義された。脳障害の範囲により，運動機能障害だけではなく，知的障害やコミュニケーション障害等を随伴することに留意する必要がある。

　主な症状からいくつかの型に分類される。脳性まひの約8割を占める「痙直型（けいちょく）」は，伸張反射の亢進（こうしん）によって四肢等の伸展と屈曲が著しく困難になる。「アテトーゼ型（不随意運動型）」は，四肢等に自分の意志とは無関係に異常な筋緊張が入るタイプである。この他にも，必要な力が入りにくい「弛緩型」やバランスをとりにくい「失調型」等がある。

2) 二分脊椎症

　二分脊椎症とは，脊髄や脊柱の発生途中の形成異常による，背骨の後方部分の欠損と脊髄の異常で，脊髄のどの部位の障害かによって症状の程度が決まる[5]。障害を受けた部位より下の神経が遮断され，運動・感覚障害や排泄機能障害が生じる。子どもの実態に即して，感覚まひによる失禁や動作の不自由による褥瘡（じょくそう）への配慮が必要となる。

3) 進行性筋ジストロフィー

　筋肉細胞の構造が顕微鏡レベルで壊れていき，筋力がしだいに弱くなる進行性の疾患である[5]。主治医や保護者との連携を図り，子どもの持つ運動能力を維持しながら，筋力低下に伴う関節の拘縮や側彎（そくわん）をできる限り予防することが重要になる。進行性ゆえの心理的不安を理解し支える視点も不可欠である。

4) 骨形成不全症

　骨形成不全症の子どもは，骨の構成物資の1つであるコラーゲンを作る遺伝子の異常により，骨が緻密性に乏しく，厚みも減少し，外から加わる小さな力で骨折する状態にある[5]。主治医や本人・保護者と相談しながら，その子どもの過重負荷の程度を見極め，過重負荷による骨折や長時間の同一姿勢による側

彎の予防に努めなければならない。また，難聴への配慮が必要な場合もある。

2 重複障害とは

　肢体不自由のある子どもは，重複障害の場合が少なくない。特別支援学校（肢体不自由）の重複障害学級在籍率は，その他の障害に対応した特別支援学校に比べて高い傾向にある。なお，重複障害の子どもは，必ず肢体不自由を伴うわけではない。

　「重複障害者」とは，「複数の種類の障害を併せ有する児童又は生徒」[3]であり，原則的には学校教育法施行令第22条の3において規定している程度の障害を複数併せ有する者を指す。しかし，実際の指導にあたっては，その必要性から必ずしもこれに限定される必要はなく，言語障害，自閉症，情緒障害等を併せ有する場合も含めて考えてよいことになっている[1]。

　重複障害の子どもには，健康面への配慮が必要な場合も少なくない。医療技術の進歩により，医療的ケア（痰の吸引や経管栄養）を必要とする子どもは増加傾向にある。就寝及び起床の時刻，体温や服薬，発作の有無，水分や食事の摂取量，排泄の状況等，家庭や学校生活での情報を保護者と共有し，体調管理に必要な対応について共通理解を図ることが重要となる。日中の覚醒水準は夜の睡眠を左右し，生活リズムの安定に影響する。授業の目標やその他の教育活動の目的に応じてどのような姿勢が望ましいか，1日を通じた姿勢や活動量の検討が肝要となる。

3 子どもの発達と肢体不自由

a 子どもの発達の道筋

　運動，認知，コミュニケーション等，発達の諸側面は相互に関連し合う。生後2か月頃の子どもは，視力が発達し「見える」ことが周囲への関心を呼び，重たい頭を必死に持ち上げようとする。見えることが動機づけとなってこの行動を積み重ねるうちに，しだいに「首が据わる」ようになる。首が据わるようになると，見たい物を「見続ける」ことが可能となり，注視している間に起こ

る現象を「理解する」力や,対象物に「かかわりたい」という思いにつながる。これらの姿勢の安定や外界への関心・理解が基盤となって,「見た物に手を伸ばす(目と手の協応)」行動や「空間における位置関係の把握」「自らの操作による外界の変化を理解する」力が育まれ,「主体的に人や物へかかわる」力,さらには,「言葉の機能への気づき」へとつながる。

b 肢体不自由を伴うということ

　肢体不自由のある子どもの場合,姿勢の保持や意のままに自らの体を動かすことに困難が伴う。その結果,本来,人や物に注意を向ける力やかかわる力,事象を理解する力を有していても,それらの力を高める条件が整わず,機会が確保されないために,十分な発達に至らないことが想定される。

　指導に際しては,子どもの実態(力を発揮できていること,持てる力を十分に発揮できていないこと,力を備えていないために実現できていないこと等)を的確に把握することが重要となる。たとえば,ある子どもは「座位が不安定」なために,「目の前に提示した教材を追視したり,手で触れようとしたりしない」「自分から友だちにかかわることがない」のかもしれない。子どもが今,見せている姿の背景にある,その子どもなりの事情を理解することが重要になる。そのうえで,肢体不自由の状態が,認知やコミュニケーション等,発達の他の諸側面の成長を阻むことのないよう,姿勢の保持や間接的経験(本人が直接経験することが困難な場合,教師が本人に代わってやって見せる等)の保障等に配慮しなければならない。

　また,肢体不自由のある子どもは,身体的な支援の必要性から,保護者や教師など身近な大人と過ごす時間が増えることにより,子どもだけで過ごす場面が限られてしまう。子ども同士でコミュニケーションを図り人間関係を築く機会を意図的に設け,社会性やコミュニケーションの力を育む視点も大切である。

c 肢体不自由の障害特性

　肢体不自由ゆえの障害特性は,運動動作,知覚・認知,コミュニケーション,知能,その他,と多岐にわたり,かつ,子ども一人ひとりによって異なる。よって,個々の子どもの多様な実態に応じた指導を展開するためには,これまで

肢体が不自由な状態で生きてきた歳月の中で，何をどのように自分の世界に取り入れて理解してきたのか，その子どもなりの学び方や経験を理解する視点が重要となる。

1）上肢や下肢の操作や姿勢の保持の困難

　上肢や下肢の操作に困難を伴う場合，物を操作する，絵を描く等，上肢操作を伴う活動や，移動を伴う活動，車いすでは行動しにくい場所での活動に制約が生じる。日々の生活のさまざまな場面でこのような制約に直面する状況に置かれることから，本人の表現したい気持ちや活動に向かう主体性が損なわれることのないよう，道具の工夫や活動場所の環境調整等の配慮が必要となる。

　たとえば，上肢操作に制約があるために筆記や器具等の扱いに時間がかかる場合には，書字量を減らすためのプリントの使用や，作文・作図におけるパソコンの活用，器具の改良や作業工程の簡略化等が考えられる。下肢に障害がある子どもの多くは，車いすや歩行器，クラッチを使用するため，活動場所や移動を伴う実地調査等に制約が生じることがある。また，のこぎりで板を切ったり，大太鼓を叩いたり等，全身を使って取り組む制作活動や演奏にも影響が想定される。学習に必要な体験を保障する工夫や，子どもの実態に応じた机やいすの高さ，器具や作業法の工夫等が必要になる。姿勢の保持が困難な場合は，活動に取り組みやすい姿勢や，対象物の形を正面から認知しやすい姿勢への配慮も不可欠となる。

2）視覚的な情報処理の困難

　脳性まひのような脳損傷性による肢体不自由のある子どもには，視覚認知に困難を伴う子どもが少なくない。視力には問題がないものの，部分への注意を払うことができずに，「あ」と「め」，「b」と「d」のように似た文字を読み間違えたり，認知した形や文字を正しく書き表すことが困難であったりする子どもがいる。図－地の弁別がうまくいかないために，教科書のどこに注目していいかわからなくなったり，文章を読む際に読み飛ばしてしまったりする。グラフや図表，地図等，同時に提示された多くの情報から必要な情報を読み取ることに困難を示す。空間における位置関係を把握することが苦手なために，片付けや整列が難しいことがある。慣れた場所にもかかわらず迷ってしまう，見たままに描くことが困難等の姿もみられる。手だてとしては，「情報量を整理

すること」「色や太さ，コントラストを工夫して注目してほしい箇所を目立たせること」「子どもが比較的得意とする聴覚情報，ことばを用いて適切に指示を添えること」等が挙げられる。また，「本人の身体感覚を十分に使って位置や方向を確かめたり，視点の変化による形の見え方の違いに気づかせること」も重要となる。

3）コミュニケーションの困難

　脳性まひのアテトーゼ型の子どもを中心に構音障害を伴うことがある。この場合，他者が聞き取りやすい音声で話すことが難しいことがある。子どもによっては，伝えたいことはたくさんあるけれど，なかなか伝わらないために，途中で話すのを遠慮してしまうこともある。文字盤や情報通信技術（ICT）等，場面に応じた（授業であれば各教科等の目標を踏まえて）表出の代替手段を活用する工夫が求められる。ことばや歌で思うように表現できない，伝えることができない状況に置かれる子どもの意図を汲み取り，表現したい，伝えたい思いを育むとともに，子どもの実態に即した代替機器等の活用を図りながら，思考力・判断力・表現力を培う指導が求められる。

4）経験不足

　経験不足は，肢体不自由による二次的な障害と捉えることができる。肢体不自由のない子どもが，日々の生活の中で自然に積み重ねているさまざまな経験が，肢体不自由のある子どもの場合，肢体不自由の状態や環境面の条件不整備から不足しやすい。このことは，経験を通して学習する機会そのものが限られることを意味する。教師には，授業に先立って，本単元（本時）の目標を達成するうえで必要な学習レディネスが伴っているかを把握し，必要に応じて，肢体不自由ゆえに不足しがちな経験を確保する場面を意図的に設定する工夫も求められる。

　なお，肢体不自由を伴う子どもに対する具体的な指導の工夫については，文献の11，12を参照されたい。

4　肢体不自由を伴う子どもの教育の場と教育課程

a　肢体不自由を伴う子どもの教育の場

　肢体不自由を伴う子どもの教育の場には，特別支援学校，特別支援学級，通級による指導，小・中学校等の通常学級がある。表14－1に，小・中学校等の通常学級を除く学校・学級数と児童生徒数を示した（2017〈平成29〉年5月1日現在）。特別支援学校（肢体不自由）の人数には，通学が困難なために訪問による教育を受けている子どもも含まれる。

　特殊教育から特別支援教育への転換が図られた2007（平成19）年度以降，肢体不自由特別支援学校は，年々，併置校が増加し，単一校は減少する傾向にある。肢体不自由教育の場が拡散する状況において，肢体不自由のある子どもに対する豊かな指導経験を有する教師を中心とした研修が機能しにくい学校もあり，教師の専門性の担保が課題となっている。

　特別支援学級は1～2名の子どもを対象に，担任教師が1人で指導を担う学級が少なくないと想定され，学習活動に適した集団確保の難しさを指摘できる。特別支援学級担任の免許保有率が30％台にとどまる現状や，行政による研修の機会も限られることを踏まえれば，戸惑いや悩みをかかえながら日々の指導に臨む教師も少なくないと考えられる。通級による指導を受ける肢体不自由のある子どもの数は124名で，うち96名（77.4％）を千葉県が占める現状を鑑みれば，教育的ニーズを反映した数とは考えにくい。この背景について，安藤ら[1]は肢体不自由のある子どもの認知面の困難に対する教師の気づきの欠如を

表14－1　肢体不自由教育の場と児童生徒数

		2006（平成18）年		2017（平成29）年	
		学校等の数	児童生徒数	学校等の数	児童生徒数
特別支援学校	単一校	197	18,717	122	10,221
	併置校			228	21,592
特別支援学級		2,313	3,917	3,034	4,508
通級による指導			6		124

出典：文部科学省特別支援教育課（2018）に基づき作成

指摘している。今回の学習指導要領改訂により，特別支援学級及び通級による指導においては，自立活動の指導を行うことが明記された。自立活動の指導の充実が今後の課題となる。

　小・中学校等の通常学級においても，2013（平成25）年の学校教育法施行令の一部改正により，在籍者数は増加傾向にあると想定される。通常学級では自立活動の指導は行われないが，教師には障害による学習上または生活上の困難を把握し，適切な手だてを講じることが求められる。

b　教育課程

1）教育課程の基本

　教育課程は，「学校教育の目的や目標を達成するために，教育の内容を児童生徒の心身の発達に応じ，授業時数との関連において総合的に組織した学校の教育計画」と定義される[3]。小・中学校は，学習指導要領に示された標準時数を満たすように教育課程を編成すると，ほぼ週当たりの総時数を占める。教育内容の選択や配当時数について，各学校が判断できる余地は限られるため，子どもたちは，在籍校にかかわらず，共通の教育内容を同様の時数で学ぶことになる。

　一方，特別支援学校には，在籍する子どもの多様な実態に即した教育課程を編成するための裁量が委ねられている。在学期間に，何を，どれだけの時間をかけて指導するのか，教育内容の選択及び配当時数の決定は各特別支援学校の判断によるところとなる。このことは，各学校の判断が在籍する子どもの学びを大きく左右することを意味する。

　特別支援学校で扱う教育内容は，学校教育法施行規則第126～129条に規定される（小学部は第126条，中学部は第127条，高等部は第128条で，それぞれ第1項が視覚障害，聴覚障害，肢体不自由，病弱，第2項が知的障害の特別支援学校の教育課程に関する規定）。そのうえで，子どもの多様な実態に即した教育課程を編成するための規定が，特別支援学校学習指導要領総則の「重複障害者等に関する教育課程の取扱い」である。以下に第126条を示す。

第百二十六条　特別支援学校の小学部の教育課程は，国語，社会，算数，理科，生活，音楽，図画工作，家庭及び体育の各教科，道徳，外国語活動，総

> 合的な学習の時間，特別活動並びに自立活動によつて編成するものとする。
> 2 　前項の規定にかかわらず，知的障害者である児童を教育する場合は，生活，国語，算数，音楽，図画工作及び体育の各教科，道徳，特別活動並びに自立活動によつて教育課程を編成するものとする。

　肢体不自由特別支援学校における教育課程編成の実際について，以下，小学部を例に概説する。
2）準ずる教育課程
　学校教育法施行規則126条第1項に基づき，「重複障害者等に関する教育課程の取扱い」を「必要に応じて」適用した教育課程である。教育内容は，小学校と同様の各教科等に自立活動を加えた形となる。自立活動の時数は子どもの実態に即して設定することから，各教科等の標準時数は規定されない。
　当該学年の各教科の目標・内容で学ぶことが難しい子どもの場合，「重複障害者等に関する教育課程の取扱い」の「1」を適用し，下学年の目標・内容に一部または全部替えることができる（下学年適用の教育課程と称することもある）。中学部や高等部の場合，小学部や中学部の目標・内容に替えることが可能であり，これを下学部適用の教育課程と称することもある。
　肢体不自由ゆえのさまざまな学習上の困難に直面する子どもが，障害のない子どもと同様の各教科の内容を通して目標達成に迫るためには，学習上の困難に対応した指導の工夫が不可欠となる。さらに，自立活動の時間が設定される分，各教科の授業時数は小学校の通常学級に比して少なくなる現状がある。より限られた時数で，同じ教科の内容を扱い目標を達成させることは容易ではなく，教科の専門性を有する教師による指導内容の精選が不可欠となる。
3）知的障害特別支援学校の各教科に代替した教育課程
　肢体不自由特別支援学校は通常の各教科を教育内容とするが，在籍する子どもが知的障害を有する場合，通常の各教科を知的障害特別支援学校の各教科（小学部の場合，生活，国語，算数，音楽，図工，体育）に替えることができる。これは，「重複障害者等に関する教育課程の取扱い」の「3」を適用したものであり，教育内容の代替である。特別支援学校の中には，この「教育内容」と「授業の形態の工夫」（学校教育法施行規則第130条に規定）を混同し，

知的障害特別支援学校で多用される授業の形態（日常生活の指導や生活単元学習等）を教育内容と同様に捉え「教育課程」を編成していることがある。教育課程は教育内容と授業時数で説明されるものであり，授業段階の工夫と区別することが，社会に開かれた教育課程とするためにも肝要である。

4）自立活動を主として指導する教育課程

これまで特別支援学校の多くは，重複障害の子どもに対し自立活動を中心とした教育課程を編成してきた。これは，「重複障害者等に関する教育課程の取扱い」の「4」の適用により，各教科等を自立活動に替えて編成した教育課程である。

現在は，自立活動の指導を丁寧に行うとともに，各教科の授業実践に臨む学校も増えている。それらの学校では，卒業後の生活も視野に入れて学校教育の意義や役割をあらためて捉え直し，在学期間に提供する教育内容を吟味する取り組みが展開されている。障害がより重度な子どもたちに「生きる力」を育むためのバランスのとれた教育内容とは何か，その判断の主体は各特別支援学校である。

5）訪問教育の教育課程

訪問による教育の教育課程を構成する教育内容については，上記2）～4）と同様に考える。通学する場合と異なり授業時数が限られるため，指導内容の精選が一層求められる。

6）卒業後の生活の視点を踏まえたカリキュラム・マネジメント

今回の学習指導要領では，カリキュラム・マネジメントの重要性が示された。教育内容の選択や配当時数について大きな裁量を委ねられる特別支援学校は，何を根拠資料としてカリキュラム・マネジメントに臨むとよいのだろうか。

特別支援学校は，一人ひとりの子どもに何を（教育内容），どの程度（各教育内容で達成をめざす目標や段階），どれだけの時間を確保して指導するのか（実施したカリキュラム），その結果として，子どもがどの程度達成したのか（達成したカリキュラム）が，個々に異なることを前提とする。この点が，同小学校等の教育と大きく異なる特別支援学校の教育課程編成の特徴である。よって，在学時の実施したカリキュラムと達成したカリキュラムを総括し，在学時の指導が卒業後の生活でどのように活かされているのかについて，本人や保護者，進路先の関係者等から卒業後の情報を収集し，教育課程の評価・改善の

検討資料とすることが重要となる。

c 各教科の指導（知的障害特別支援学校の各教科を含む）

1）学習上の困難の把握

　各教科については、目標の系統性や扱う内容の順序性が学習指導要領に明記される。肢体不自由のある子どもの指導に際しては、年間指導計画を立案する段階で、子どもの障害特性が当該教科の学習に及ぼす影響をあらかじめ把握し、それに対応する指導の工夫を整理しておくことが必要になる。適切な実態把握に基づく指導目標及び指導内容の設定と、それらに応じた手だてや配慮を、授業に先立って検討しておくことが、一人ひとりの教育的ニーズに応じた指導を行うために重要不可欠となる。なお、知的障害特別支援学校の各教科の目標・内容は、知的障害の特性を考慮して示されているが、その他の障害の特性は踏まえられていない。よって実際の指導に際しては、肢体不自由の障害特性に応じた手だてを適切に講じる必要がある。

2）重複障害のある（肢体不自由と知的障害を伴う）子どもの教科指導

　最近は、自立活動の指導を丁寧に行うのと合わせて、各教科の授業実践に臨む学校も増えている。知的障害特別支援学校の各教科の目標に照らして実態を把握したうえで、発達のより初期段階に関する研究の知見に基づき、発達の指標を教科の視点で整理したツール[10]が活用されている。特別支援学校の重複障害学級では、1時間目に教科等を合わせた指導として「朝の会」を設定している学校が多い。この「朝の会」で行う一人ひとりの子どもの呼名に際し、国語としての実態把握を的確に行い、「教師の声音の違いに気づく」「教師の呼びかけに対して応答する」「自分の名前が呼ばれたことを理解し応答する」等、具体的な目標を個別に設定したうえで、日々の実践が重ねられている。

　教科指導では、単元や本時の目標分析を行い、学習を通して子どもから引き出したい姿（目標を達成したとみなす姿）はどのような姿か、子どもがその姿を自然な文脈で発揮するには、どのような活動をどのように展開するとよいのか、教科の専門性に基づく目標分析や単元設定、教材選定の力が問われる。

　なお、特別支援学校小学部・中学部学習指導要領には、肢体不自由を伴う子

どもに教科指導を行う際の配慮事項について以下の通り示されている。

> （1）体験的な活動を通して言語概念等の形成を的確に図り，児童の障害の状態や発達の段階に応じた思考力，判断力，表現力等の育成に努めること。
> （2）児童の身体の動きの状態や認知の特性，各教科の内容の習得状況等を考慮して，指導内容を適切に設定し，重点を置く事項に時間を多く配当するなど計画的に指導すること。
> （3）児童の学習時の姿勢や認知の特性等に応じて，指導方法を工夫すること。
> （4）児童の身体の動きや意思の表出の状態等に応じて，適切な補助具や補助的手段を工夫するとともに，コンピュータ等の情報機器などを有効に活用し，指導の効果を高めるようにすること。
> （5）各教科の指導に当たっては，特に自立活動の時間における指導との密接な関連を保ち，学習効果を一層高めるようにすること。

d 自立活動の指導

　特別支援学校には，小・中学校には存在しない独自の領域として自立活動の指導がある。自立活動の目標は，「個々の児童又は生徒が自立を目指し，障害による学習上又は生活上の困難を主体的に改善・克服するために必要な知識，技能，態度及び習慣を養い，もって心身の調和的発達の基盤を培う」ことであり，これが特別支援学校の学習指導要領に明示された唯一の目標である。各教科のように学年（知的障害特別支援学校の教科の場合は段階）ごとに具体的な目標が示されることはない。また，内容は6区分（「健康の保持」「心理的な安定」「人間関係の形成」「環境の把握」「身体の動き」「コミュニケーション」）で示されているが，各教科のように扱う順序は規定されない。
　自立活動の指導で重要なポイントの1つに，6区分を視点として実態を把握し，得られた情報から整理した課題を関連づけて指導目標を設定することが挙げられる。肢体不自由の子どもだから「身体の動き」について実態を把握し，指導目標を設定すればよいのではないことに留意する必要がある。たとえば，

目の前に提示された教材になかなか手を伸ばさない肢体不自由の子どもがいたとする。子どもが教材に手を伸ばさない背景には，「座位が安定せず手で支えて姿勢を保持している（「身体の動き」）ために伸ばせない」「目と手の協応がうまくいかず（「環境の把握」），見たところに手を伸ばせない」「教師に注意を向けることができていないために（「人間関係の形成」），指示を理解するに至っていない」等，さまざまな要因が考えられる。だからこそ，内容の6区分を視点として把握した実態に関する情報から課題を整理し，それぞれの課題がお互いにどのように関連しているのかを紐解いたうえで，今，何を指導する必要があるのか，指導目標を検討することが重要になる。自立活動の指導における実態把握から指導目標・内容の設定に至る手続きの詳細については，文献2を参照されたい。

姿勢の保持や動作，視覚認知，発声や発語の改善，移動能力の向上，障害の理解と受容等，実際に肢体不自由を伴う子どもに行われている自立活動の指導は，個々の子どもによって異なり多様である。山田[13]は，生活リズムが不安定で授業中に眠ってしまうことの多い医療的ケアが必要な子ども（肢体不自由，知的障害，視覚障害を伴う）を対象とした自立活動の指導で，座位の安定を図ったことにより，日中の覚醒水準が上がり，外界への関心が高まったこと，そのことが，教科の学習への積極的な参加と生活リズムの安定につながったこと，さらには，痰の吸引回数も減少し，学習の中断が減ったことを報告している。

特別支援学校学習指導要領解説（自立活動編）では，自立について，「幼児児童生徒がそれぞれの障害の状態や発達段階等に応じて，主体的に自己の力を可能な限り発揮し，よりよく生きていこうとすることを意味している」と記している。一人ひとりの子どもの自立した姿を個別に描き，自立活動として必要な指導を創造することが求められる。

■引用文献

1) 安藤隆男・渡邉憲幸・松本美穂子・任龍在・小山信博・丹野傑史：肢体不自由養護学校における地域支援の現状と課題．障害科学研究，31，65-73，2007
2) 古川勝也・一木薫編著：自立活動の理念と実践―実態把握から指導目標・内容設定に至るプロセス　ジアース教育新社　2016

3) 文部科学省：特別支援学校学習指導要領解説総則編　2017
4) 文部科学省：特別支援学校小学部・中学部学習指導要領　2017
5) 文部科学省：特別支援学校学習指導要領解説自立活動編　2018
6) 文部科学省特別支援教育課：特別支援教育について（4）肢体不自由．教育 2009. http://www.mext.go.jp/a_menu/shotou/tokubetu/004/004.htm，2018年9月14日閲覧
7) 文部科学省特別支援教育課：特別支援教育資料（平成29年度）　2018. http://www.mext.go.jp/a_menu/shotou/tokubetu/material/1406456.htm，2018年9月14日閲覧
8) 高松鶴吉・佐々木正美監修：保育者・教師のための障害児医学ケア　相談事典1　病名別・症状別にみる医学ケア　学研　1991
9) 特別支援総合研究所：特別支援教育の基礎・基本 新訂版―共生社会の形成に向けたインクルーシブ教育システムの構築　ジアース教育新社　2015
10) 徳永豊：障害の重い子どもの目標設定ガイド―授業における「学習到達度チェックリストの活用」　慶應義塾大学出版会　2014
11) 筑波大学附属桐が丘特別支援学校：肢体不自由のある子どもの教科指導Q&A―「見えにくさ・とらえにくさ」をふまえた確かな実践　ジアース教育新社　2008
12) 筑波大学附属桐が丘特別支援学校：「わかる」授業のための手だて―特別支援教育における肢体不自由教育の創造と展開　ジアース教育新社　2011
13) 山田豊美香：子供の学びを支える自立活動の指導．肢体不自由教育，210，28-33，2013

15章　心身系障害

1節　病弱・身体虚弱

1　病弱・身体虚弱とは

a　病弱・身体虚弱の教育的定義

　病弱及び身体虚弱という用語は医学的用語ではなく，教育行政上の用語である。学校教育法施行令によると，「病弱者」は「身体虚弱者」を含む用語として用いられており，病弱者の障害の程度は「一　慢性の呼吸器疾患，腎臓疾患及び神経疾患，悪性新生物その他の疾患の状態が継続して医療又は生活規制を必要とする程度のもの，二　身体虚弱の状態が継続して生活規制を必要とする程度のもの」と定義される（2章27頁参照）。また，病弱者及び身体虚弱者における障害の判断や就学先の決定にあたっては，医師による診断の必要性が示されている（「障害のある児童生徒等に対する早期からの一貫した支援について（通知）」，25文科初第756号，初等中等教育局長）。したがって，病弱とは，慢性疾患のために長期的に医師による治療を受ける必要があるまたは生活規制がある状態，身体虚弱とは，病弱ではないものの，医師の診断に基づいて，継続して生活規制を必要とする状態と解される。

　なお，ここでいう「生活規制」とは，健康状態の維持や改善を図るため，運動，入浴，読書，学習など，日常の諸活動及び食事の質や量などについて，病状や健康状態に応じて配慮することを意味している。病弱も身体虚弱も，これらの状態が長期間持続する，または繰り返し起こる場合に用いられ，たとえ病状が重くても風邪などのように一過性のものは含めない。

b　病弱教育とその対象

　病弱・身体虚弱の子どもを対象として行われる教育を病弱教育という。病弱教育は，特別支援学校，特別支援学級，通常の学級（通級による指導を含む）

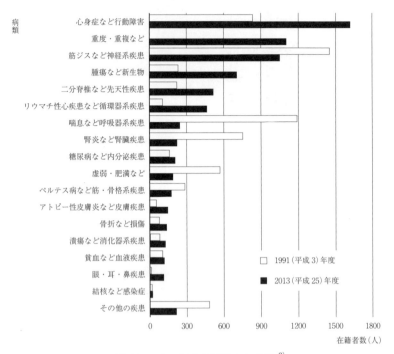

図15−1　全国病類調査の結果[2]

において行われている。子どもの病気の種類（病類）は多種多様であるが，その多くは，長期間持続する慢性疾患である。

1）特別支援学校（病弱）及び病弱・身体虚弱特別支援学級に在籍する子どもの実態

特別支援学校（病弱）及び病弱・身体虚弱特別支援学級に在籍する子どもの実態については，全国病弱身体虚弱教育連盟と全国特別支援学校長会が隔年で実施している全国病類調査によって，病類別の在籍者数が蓄積されている。

図15−1は，1991（平成3）年度と2013（平成25）年度における全国病類調査の結果[2]を示したものである。各病類における在籍者数の推移に注目すると，近年では「心身症など行動障害」「腫瘍など新生物」「二分脊椎など先天性疾患」「リウマチ性心疾患など循環器系疾患」が増加傾向にある。一方で，かつては主流であった「喘息など呼吸器系疾患」「腎炎など腎臓疾患」「虚弱・

肥満など」は激減し,「筋ジスなど神経系疾患」も減少している。「重度・重複など」とは,重症心身障害児のことであり,1991 (平成 3) 年度の在籍者数が示されていない。これは,この病類が 1999 (平成 11) 年度以降に調査対象とされたためである。

最近では,「心身症など行動障害」「筋ジスなど神経系疾患」「重度・重複など」が主流となり,これら 3 病類で総在籍者数の約半数を占めている。以下では,これらの病類に含まれる主要な病態または疾患について,学校教育の課題を含めて概説する。

(1) 心身症など行動障害 (心身症)

心身症は,「身体疾患の中で,その発症や経過に心理社会的因子が密接に関与し,器質的ないし機能的障害が認められる病態をいう。ただし,神経症やうつ病など,他の精神障害に伴う身体症状は除外する」[7]と定義される。ここで,心身症とは病態を指す用語であることに注意する必要がある。たとえば,発作時の呼吸困難を主な症状とする気管支喘息は,その発症に心理社会的要因が見出した場合に,「気管支喘息 (心身症)」と診断される。従来,小児科領域では,気管支喘息の他に,アトピー性皮膚炎,過敏性腸症候群,起立性調節障害など,慢性に経過するさまざまな身体疾患が心身症の周辺疾患として認識されてきた[2]。

特別支援学校 (病弱) 及び病弱・身体虚弱特別支援学級においては,近年,アスペルガー障害,注意欠陥・多動性障害,学習障害など,発達障害と心身症の診断名を併せ有する子どもの存在が明らかとなり,発達障害のある子どもに対する二次障害の予防が重要な課題となっている[10] (6 章 98 頁の 3 参照)。

子どもの心身症に関する研究[5]によると,その発症には,学校関連ストレスや家族機能など,子どもをとりまく環境要因,自尊心,ストレスに対する対処スタイルなどの個人内要因及びこれらの相互作用の影響が指摘されている。治療については,子どもと周囲との相互作用に対する介入や短期療法の有効性に関する報告がなされている。一方で,子どもの心身症による身体症状の訴えは怠けや問題行動と捉えられがちであるとの指摘もある。

子どもの心身症の予防または早期回復を促すためには,学校と家庭における心身症に対する理解の促進と効果的な対処方法の検討が必要である。

(2) 重度・重複など（重症心身障害児）

　重症心身障害児とは，児童福祉法第7条によって「障害児入所施設に入所し，又は指定発達支援医療機関に入院する障害児のうち，（中略）重度の知的障害及び重度の肢体不自由が 重複している児童」と定められている。

　国立病院機構の重症心身障害児病棟に入院している重症心身障害児の多くは中枢神経系の疾患を有しており，診断名は脳性麻痺，脳炎後遺症が上位を占める[9]。近年では，重症心身障害児の状態像は重症化しており，年齢が若いほど医療度や介護度が高いことが明らかにされている。その要因として，周産期医療や救命救急医療，医療技術の進歩により，かつては生存が難しかった子どもを救命できるようになったことが指摘されている。

　学校教育においては，医療度や介護度の高い子どもに対する「学校における医療的ケア」への対応，応答に制約がある子どもとのコミュニケーションの充実が検討課題となっている。

(3) 筋ジスなど神経系疾患（デュシェンヌ型筋ジストロフィー）

　デュシェンヌ型筋ジストロフィーは，ジストロフィン遺伝子の変異により発症する進行性の筋疾患である。X連鎖劣性遺伝形式により，原則として男児に発症する。年齢上昇に伴い筋力および内臓機能が低下して，幼児期には転びやすく，10歳前後で歩行不能，10歳代後半から20歳前後で呼吸不全，心不全を呈する重篤な疾患であり，現状において根治療法はない。

　最近では呼吸管理の導入により呼吸不全死が激減し，かつては20歳前後であった生命予後が30歳を超え，50歳以上の患者もみられるようになった。また，ロボットスーツやデバイスの進歩が著しく，これら新しい技術の実用化により，機能予後も改善することが期待されている[6]。

　学校教育においては，生命予後の改善に伴って，従来行われてきた学齢期における充実した生活はもとより，学校卒業後の将来を見据えた教育が重視されつつある。

2）通常の学級に在籍する病弱・身体虚弱の子どもの実態

　通常の学級に在籍する病弱・身体虚弱の子どもの実態については，全体像を把握できる調査が行われていない。しかしながら，文部科学省，厚生労働省，各自治体等によって行われた調査を勘案すると，通常の学級においても，健康

状態の維持または回復に特別の支援を必要とする病弱・身体虚弱の子どもは少なからず在籍していることが推察される。たとえば，最近行われた東京都の調査[8]によると，医療費助成の認定を受けている小児慢性特定疾病[i]を有する小学生の約7割及び中学生の約8割が通常の学級に在籍していることが明らかになっている。また，こうした子どもを持つ保護者の約6割が学校生活に関する「困り」を抱えており，その内容は「体調や健康管理に関すること」「病気に対する周囲の理解」「学校行事」「学習面」「進学」など多岐にわたることが示された。

病弱・身体虚弱の子どもは，特別支援学校（病弱）及び病弱・身体虚弱特別支援学級だけでなく，通常の学級にも在籍していることを念頭に，こうした子どもに対する適切な配慮と支援が求められる。

c　病弱・身体虚弱における学習及び発達上の課題

1）学習空白

学習空白とは，学習時間の制約により学習できない期間のことである。その背景には，療養のための入院，欠席，遅刻，早退，生活規制による授業時数の制限，不登校など，さまざまな理由がある。学習空白の程度や未習の内容には個人差があり，学習の顕著な遅れは学習意欲の低下を招くことがある。

2）活動の制限

病気の種類や障害の状態によっては，食べ物の種類や量，運動の内容や時間が決められている，運動障害により特定の運動や動作が難しいなどの理由から，日常生活において，いくつかの活動が制限されることがある。活動の制限は，人や物との関わりに支障をきたすとともに，成功体験や達成の機会を制約する。幼少期からの活動の制限は，主体的な活動の源泉となる興味，関心，好奇心の低下を招くことがある。

---

i) 小児慢性特定疾病とは，児童福祉法によると「児童又は児童以外の満二十歳に満たない者が当該疾病にかかつていることにより，長期にわたり療養を必要とし，及びその生命に危険が及ぶおそれがあるものであつて，療養のために多額の費用を要するものとして厚生労働大臣が社会保障審議会の意見を聴いて定める疾病」である。2018（平成30）年4月時点において，16疾患群756疾病が医療費助成の対象疾病となっている。

3）体験の不足や偏り

　活動の制限などにより，同年齢の子どもと比べて直接的な体験が不足したり，偏りがみられることがある。制限の内容にもよるが，考える力，推理する力，操作する力，人と関わる力などの発達を阻害することがある。

4）集団構成の制約

　特別支援学校（病弱）や病弱・身体虚弱特別支援学級は少人数のクラス構成がほとんどである。また，訪問教育による病室のベッドサイドでの授業は一般に個別指導の形態となる。集団構成の制約は，他者との対話をもとに考える力，集団の中で主張する力，協力する力の発達を阻害することがある。

2　病弱・身体虚弱の子どもの状態把握

a　健康状態の把握

　健康状態の把握に際して，診断名，病気の特性，生活規制，医療機器の使用状況など，医療情報を収集する必要がある。病状や障害の程度によっては，学校生活上の配慮事項がきめ細かく決められていたり，配慮事項が変更になることもある。そのため，保護者，医療者との密接な連絡・調整が必要である。

　また，日頃の健康観察はきわめて重要である。自分の病状や体調の変化に気づくことができず，悪化させてしまう子どもは少なくない。健康状態の維持・回復を促すためには，病状や体調の変化にできるだけ早く気づき，適切に対処する必要がある。健康観察の方法として，たとえば，視線がいつもより合いにくい，座り込む回数が多い，手足が冷たい，顔色が赤い[3]など，いくつかの項目を設けて観察する，あるいは，普段と異なる行動または子どもの状態をその都度記録して，その後の病状や体調の変化を見守るなどが考えられる。いずれにしても，子どもの行動や状態の変化に気づくためには，日頃の継続的な観察が大切である。

b　学習に関する状態把握

　病弱・身体虚弱の子どもは，学習空白や活動の制限などにより，学年相当の学習内容の理解や定着に困難を示すことがある。また，病気の特徴的な症状に

加えて、知的能力の偏りや視知覚障害など、学習を困難にする認知特性を有する場合もある。最近では医療の進展などにより、入院期間の短期化、頻回化が顕著であり、特に進学や入退院に伴う転学など、教育の場の変更に際して、学習に関する状態把握が大切である。たとえば、前籍校と転学先の学校間で学習進度、学習内容の習得状況、使用している教科書などの情報を交換する、教師作成の習得度テストや標準学力検査を行うなどの方法が考えられる。また、わかりやすい指導方法や本人に適した学習方法の検討に際して、知能検査や認知機能検査による認知特性の分析的な把握が有効である。

3 病弱・身体虚弱の特性に応じた教育内容と方法

a 合理的配慮の観点「教育内容・方法」

病弱・身体虚弱の子どもに対する3観点11項目の合理的配慮の例示[1]の中から、教育内容・方法の観点に含まれる5項目を抽出して紹介する。

1) 教育内容
(1) 学習上または生活上の困難を改善・克服するための配慮

服薬管理や環境調整、病状に応じた対応等ができるよう指導を行う（服薬の意味と定期的な服薬の必要性の理解、指示された服薬量の徹底、眠気を伴い危険性が生じるなどの薬の副作用の理解とその対応、必要に応じた休憩など病状に応じた対応など）。

(2) 学習内容の変更・調整

病気により実施が困難な学習内容等について、主治医からの指導・助言や学校生活管理指導表に基づいた変更・調整を行う（習熟度に応じた教材の準備、実技を実施可能なものに変更、入院等による学習空白を考慮した学習内容に変更・調整、アレルギー等のために使用できない材料を別の材料に変更など）。

2) 教育方法
(1) 情報・コミュニケーション及び教材の配慮

病気のため移動範囲や活動量が制限されている場合には、ICT等を活用し、間接的な体験や他の人とのコミュニケーションの機会を提供する（友だちとの手紙やメールの交換、テレビ会議システム等を活用したリアルタイムのコミュ

ニケーション，インターネット等を活用した疑似体験など）。

(2) 学習機会や体験の確保

入院時の教育の機会や短期間で入退院を繰り返す児童生徒の教育の機会を確保する。その際，体験的な活動を通して概念形成を図るなど，入院による日常生活や集団活動等の体験不足を補うことができるように指導する（視聴覚教材等の活用，ビニール手袋を着用して物に触れるなど感染症対策を考慮した指導，テレビ会議システム等を活用した遠隔地の友だちと協働した取り組みなど）。

(3) 心理面・健康面の配慮

入院や手術，病気の進行への不安等を理解し，心理状態に応じて弾力的に指導を行う（治療過程での学習可能な時期を把握し健康状態に応じた指導，アレルギーの原因となる物質の除去や病状に応じた適切な運動等について医療機関と連携した指導など）。

b 各教科における指導上の配慮事項

2017（平成29）年に告示された特別支援学校学習指導要領小学部・中学部学習指導要領に則して，各教科における指導上の配慮事項を概説する。

1) 指導内容の精選等

個々の子どもの学習状況や病気の状態，授業時数の制約等に応じて，指導内容を適切に精選し，基礎的・基本的な事項に重点を置くとともに，指導内容の連続性に配慮した工夫を行ったり，各教科等相互の関連を図ったりして，効果的な学習活動ができるようにすること[4]。

学習空白がある場合や，授業時数に制約がある場合には，基礎的・基本的な事項を習得させる観点から，指導内容を精選するなど，効果的に指導する必要がある。また，各教科の目標や内容との関連性を検討して，不必要な重複を避ける，各教科を合わせて指導するなど，他教科と関連させて指導することも大切である。その際，重要な指導内容が欠落しないよう配慮するとともに，入院期間や病状などを勘案して，指導の時期や方法，時間配分なども考慮する必要がある。

2) 自立活動の時間における指導との関連

健康状態の維持や管理，改善に関する内容の指導にあたっては，自己理解を

深めながら学びに向かう力を高めるために，自立活動における指導との密接な関連を保ち，学習効果を一層高めるようにすること[4]。

　ここでいう「健康状態の維持」とは，感染症を予防するためにマスクを着用する，疲れたらすぐ休むなどの予防的対応により，現在の健康状態を保ち続けることである。予防的観点から，子どもが主体的に体調を把握し，維持・改善に向けた対応をできるようにするためには，健康に関する一定の知識が必要となる。たとえば，体育科の「心の健康」「病気の予防」など，心身の活動に関わる内容と自立活動の「健康状態の維持・改善に関すること」「情緒の安定に関すること」などの事項との関連を図り，自立活動の時間における指導と相補いながら学習活動を進めることにより，一層の学習効果が期待できる。

3）体験的な活動における指導方法の工夫

　体験的な活動を伴う内容の指導にあたっては，子どもの病気の状態や学習環境に応じて，間接体験や疑似体験，仮想体験等を取り入れるなど，指導方法を工夫し，効果的な学習活動が展開できるようにすること[4]。

　活動の制限がある子どもに対しては，指導内容の検討と指導方法の工夫が必要である。具体的には次のような工夫が考えられる。食物アレルギーの子どもが調理実習を行う場合に，アレルギーを引き起こす材料を別の材料に替え，それに応じた調理方法に変更する。知らない場所へ行くことに不安のある子どもが社会見学を行う場合に，バーチャル・リアリティ機器を用いて見学先を事前に仮想体験させる。また，病状や障害の程度によっては，直接的な体験が難しい場合もある。そうした場合には，間接的な体験の機会を設定して，学習効果を高める工夫が必要である。たとえば，病室のベッドからの移動が難しい子どもに対して，タブレット端末を使用して，理科の実験場面を観察させるなどの工夫が考えられる。

4）補助用具や補助的手段，コンピュータ等の活用

　子どもの身体活動の制限や認知の特性，学習環境等に応じて，教材・教具や入力支援機器等の補助用具を工夫するとともに，コンピュータ等の情報機器などを有効に活用し，指導の効果を高めるようにすること[4]。

　運動障害などにより身体的な活動が制限されている子どもや，学習を困難にする認知特性がある子どもの指導にあたっては，さまざまな補助的手段等を活

用して，可能な限り主体的・対話的な活動を確保する必要がある。具体的には次のような工夫が考えられる。運動障害がある子どもに対して，視線入力装置などの入出力支援機器，または電動車いすを活用する。読字困難の子どもに対して，タブレット端末などの読み上げ機能を活用する。教室に登校できない子どもに対して，集団活動を確保するために，テレビ会議システムを活用する。

5) 負担過重とならない学習活動

子どもの病気の状態等を考慮し，学習活動が負担過重となったり，必要以上に制限することがないようにすること[4]。

個々の子どもの病気の特性や状態の変化を正確かつ適切に把握し，学習活動が負担過重にならないようにする必要がある。一方で，可能な活動はできるだけ実施できるようにすることも重要である。そのためには，本人，保護者，医療者との日頃の情報交換，健康観察，学校管理指導表の活用などが考えられる。

6) 病状の変化に応じた指導上の配慮

病気のため，姿勢保持や長時間の学習活動が困難な子どもについては，姿勢の変換や適切な休養の確保などに留意すること[4]。

病状の変化や治療方法，生活規制などは，個々の病気により異なる。病状の変化に適切に対処するためには，日々更新される医療情報を入手するとともに，適宜，健康観察を行い，病状や体調の変化にいち早く気づくことが大切である。また，子ども自身による病状の自覚（「状態がよい」／「わるい」など）と客観的な指標に基づく病状（体温計やピークフローメーターなどの測定値）との一致を促す指導が必要である。

■引用・参考文献

1) 中央教育審議会初等中等教育分科会：共生社会の形成に向けたインクルーシブ教育システム構築のための特別支援教育の推進（報告）別表，文部科学省HP，http://www.mext.go.jp/b_menu/shingi/chukyo/chukyo3/044/attach/1323312.htm，2011
2) 日下奈緒美：平成25年度全国病類調査にみる病弱教育の現状と課題．国立特別支援教育総合研究所研究紀要，42, 13-25, 2015
3) 文部科学省：教職員のための子どもの健康観察の方法と問題への対応　少年写真新聞社　2009

4) 文部科学省：特別支援学校 幼稚部教育要領 小学部・中学部学習指導要領 海文堂 2018
5) 森川夏乃：子どもの心身症に関する研究動向と課題．東北女子大学・東北女子短期大学紀要，54，85-92，2015
6) 松村剛：筋ジストロフィー医療をめぐる課題と展望—神経内科の立場から．医療，70，312-316，2016
7) 日本心身医学会教育研修委員会編：心身医学の新しい診療指針．心身医，31，537-576，1991
8) 東京都福祉保健局：慢性疾病を抱える児童等の実態調査 東京都福祉保健局HP，http://www.fukushihoken.metro.tokyo.jp/kodomo/kosodate/josei/syoman/houkokusyo.files/houkokusyo.pdf，2017．
9) 八島猛・菊池紀彦・室田義久・郷右近歩・野口和人・平野幹雄：旧国立療養所型病院重症心身障害児病棟が直面する現状と課題についての検討—重症心身障害児の年齢・在院年数と障害状況評価スコアとの相関分析を通して．保健福祉学研究，4，113-123，2006
10) 八島猛・栃真賀透・植木田潤・滝川国芳・西牧謙吾：病弱・身体虚弱教育における精神疾患等の児童生徒の現状と教育的課題—全国の特別支援学校（病弱）を対象とした調査に基づく検討．小児保健研究，72，514-524 2013

2節　情緒障害・言語障害

1　情緒障害・言語障害とは

　情緒障害とは，「状況に合わない感情・気分が持続し，不適切な行動が引き起こされ，それらを自分の意思ではコントロールできないことが継続し，学校生活や社会生活に適応できなくなる状態」[7]をいう。

　情緒障害のある子どもの教育は，自閉症・情緒障害特別支援学級，情緒障害通級指導教室，あるいは通常学級で行われる。その対象は，場面緘黙(かんもく)，不登校，その他（重症型のチックなど）のある子どもである。

　特別支援教育資料（平成29年度）によると，自閉症・情緒障害特別支援学級に在籍する子どもは小学校8万403人，中学校3万49人，情緒障害通級指導教室で通級指導を受けている子どもは小学校1万2308人，中学校2284人である[8]。ただし，自閉症・情緒障害特別支援学級に在籍する子どもには，自閉症のある子どもと情緒障害のある子どもの双方が含まれており，情緒障害のある子ども単独の人数は明らかではない。本節では，情緒障害の中から場面緘黙に焦点を当てて論じる。

　言語障害とは「発音が不明瞭であったり，話しことばのリズムがスムーズでなかったりするため，話しことばによるコミュニケーションが円滑に進まない状況であること，また，そのため本人が引け目を感じるなど社会生活上不都合な状態」[9]をいう。

　言語障害のある子どもの教育は，言語障害特別支援学級，言語障害通級指導教室，あるいは通常学級で行われる。その対象は，構音障害（口蓋裂などの器質性構音障害，機能性〈発達性〉構音障害など），話しことばにおけるリズムの障害（吃音など），言語発達の遅れや偏りのある子どもである。ただし，知的障害や聴覚障害，自閉症に起因する言語発達の遅れなど，他の障害に起因する言語障害を示す子どもは，対象に含めない。

　特別支援教育資料（平成29年度）によると，言語障害特別支援学級に在籍する子どもは小学校1570人，中学校165人，言語障害通級指導教室で通級指

導を受けている子どもは小学校3万7134人，中学校427人である[8]。本節では，言語障害の中から吃音に焦点を当てて論じる。

2　場面緘黙

　場面緘黙（選択性緘黙ともいわれる）とは，特定の場面で話すことができないことをいう。場面緘黙のある子どもの多くは家庭ではよく話すにもかかわらず，特定の場面（園や学校などであることが多い）では話すことができない。

　一口に場面緘黙といっても，その状態は一人ひとり異なる。河合らは，①まずその社会的場面に自ら足を運んで移動する「動作・態度表出」，②社会的場面で用いられるさまざまな非言語コミュニケーションを行う「感情・非言語表出」，③話しことばを用いたコミュニケーションを行う「言語表出」の3つの水準からなる「社会的場面におけるコミュニケーションが成り立つための階層構造」を提唱した。そして，場面緘黙のある子どもの中には，③がある程度可能な子ども（特定の先生や友だちとだったら小声で話せる，「うん」など特定のことばや笑い声は出せるなど）や，③のみが困難で②や①には支障がない子ども（話すことはできないが，身振りや表情，筆談などで先生や友だちとやりとりができるなど），③と②が困難，もしくは③〜①のすべてが困難な子ども（体を動かすこともできない「緘動」，不登校など）がいると指摘している[2]。

　場面緘黙は，2〜5歳頃に出現することが多く，入園や入学がきっかけとなる場合が多いことが知られている。出現率は，0.03〜1％と一致したデータが得られていない。男女比は，1：1〜1.8と女児にやや多い[6]。

　場面緘黙は，国際保健機関（WHO）の国際疾病分類第10版（ICD-10）では，「小児（児童）期および青年期に特異的に発症する社会的機能の障害（F94）」に分類されている[12]。また，アメリカ精神医学会のDSM-5では，「不安症群／不安障害群」に位置づけられている[1]。しかし，場面緘黙のある子どもの中には，不安障害に加え，自閉スペクトラム症や言語発達遅滞，吃音，構音障害などの言語障害，知的障害などを併せ持つ子どもが多いことから，場面緘黙の出現に言語・コミュニケーションの問題が関わっている可能性も示唆されている[11]。場面緘黙のある子どもの困難の例を以下に示す。

学校場面の困難：自分を出せない。答えがわかっても先生に答えを言えない。グループ活動に参加したいのにできない。みんなからあまりしゃべらない変な子と思われる。何かわからないことがあっても，手を挙げたり，先生に質問することが恐くできない。みんなとコミュニケーションがとれないので，いつも心細い。課題で言いたいことを表現できない。学校に行くのが恐くなり，登校できない日が多い。友だちができない。授業と課題についていけない。不安や緊張が強い[9]。

学校以外の場面の困難：話せない人，行けない場所がある。誰かに話しかけられないかとすごく恐くなる。外で学校の人に会ったらどうしようと不安になる。親戚の人と話せない[11]。

3　吃音

吃音とは，ことばが「吃る」ことをいう。吃音の言語症状には，語音の繰り返し（「り，り，りんご」などと語音を繰り返す），語の一部分の繰り返し（「りん，りん，りんご」などと単語の一部分を繰り返す），語音の引き伸ばし（「りーーんご」などと語音を伸ばす），語音のつまり（阻止，難発）（「……りんご」などと語音がつまって出ない）がある。また，吃音の言語症状に付随して，過剰な筋緊張の亢進や随伴運動（言語症状に伴って口を歪める，手や足を動かすなどが生じる）が起きる場合もある。

吃音は，2〜5歳頃に多く出現することが知られており，出現率は，幼児期で5％，学齢期以降で1％程度と考えられている。また，男女比は，幼児期で1〜2：1，学齢期で3〜5：1と，年齢が上がると男性の占める比率が高くなる[5]。

吃音のある子どもの7〜8割は，小学校入学前後までに自然治癒（特別な指導・支援をしなくても自然に消失）する。しかし，それ以降も吃音が持続すると，多くの子どもは，徐々に自身の吃音に気づき，意識するようになる。そうすると，吃音を「恥ずかしい」「いけない」と捉える，過去に吃音になったことばを言おうとする際などに「また，吃音になるのではないか」と予期不安が生じる，吃音が出そうな音やことば，場面を回避する（別のことばに言い換え

る，答えがわかっても挙手しない，友だちからの遊びの誘いを断る）等が生じる。そして，吃音で思うように話せない自身を責め，自信や自尊感情が低下する[3]。

吃音は，ICD-10では，「小児（児童）期および青年期に通常特異的に発症するその他の行動及び情緒の障害（F98）」に分類されている[12]。また，DSM-5では，「神経発達症群／神経発達障害群」の中の「コミュニケーション症群／コミュニケーション」障害群に位置づけられている[1]。吃音の原因は，現時点ではよくわかっていないが，発語運動，言語機能，運動，聴覚処理，情緒・情動などの体質的要因と周囲の環境要因の双方が関わり合って生じると推定されている。また，吃音のある子どもの中には，構音障害や言語機能の障害，注意欠陥・多動性障害，トゥレット症候群，知的障害などを併せ持つ子どもが多いことや，思春期以降には社交不安障害を併せ持つ人が多くなることが知られている[5]。吃音のある子どもの，困難の例を以下に示す。

学校場面の困難：授業中の音読（最初のことばがつまって出ない，吃音にならずに読めるか不安）。授業中の発表（答えはわかっているが吃音の予期不安がするので挙手できない，予期不安があることばを別のことばで言い換えるためうまく言いたいことが言えない）。かけ算九九の口唱（吃音でつっかえるので時間制限内に口唱できない）。朝の会の健康調べ（「はい，元気です。○○さん」とテンポよく話せない）。日直当番（朝の会の1分間スピーチが不安，号令の台詞がつまって言えない）。あいさつ運動（大きな声であいさつしようとするとつまって言えない）。学年集会や全校集会，学内放送（大勢の前だと，緊張してさらにことばが出にくい）。友だちとの関わり（吃音でタイミングよく話せないため発話の機会を逸する，吃音への不安から友だちとの関わりを避ける，「どうして『り，り，りんご』って言うの」と聞かれ答えに窮するなど）。からかい（吃音の話し方を真似される，笑われる）。

学校以外の場面の困難：習い事（スポーツ関連の習い事で求められる大きな声で元気よく話すことができない）。レストランなどの注文（予期不安のため注文したいものの名前が言えない）[4]。

4　場面緘黙・吃音がある子どもの指導・支援

a　実態把握

　場面緘黙のある子どもの指導・支援では，生物学的要因（たとえば，服薬）や個人の諸機能（たとえば，通級指導教室などでの個別指導），社会参加の問題（たとえば，学級活動への参加のあり方や，級友の協力をどう得るかについての検討）までを幅広く考える必要がある[6]。また，吃音のある子どもの指導・支援においても，吃音の言語症状，吃音に対する認識や感情，子どもを取り囲む環境などのさまざまな要因を検討する必要がある[3]。

　このような多種多様な要因を包括的に把握する枠組みに，国際保健機関（WHO）の国際生活機能分類（ICF）がある。ICFで，「心身機能・身体構造」「活動」「参加」からなる「生活機能」と，「環境因子」「個人因子」からなる「背景因子」の枠組みに基づいて実態把握を行う（表15－1）。

表15－1　ICFによる場面緘黙と吃音のある子どもの実態把握の例[3)11)]

		場面緘黙	吃音
生活機能	心身機能 身体構造	情動機能，気質と人格の機能，活力と欲動の機能，知的機能，言語に関する精神機能，音声機能，発話の流暢性とリズムの機能　など	発話の流暢性とリズム・速度の機能，情動機能，気質と人格の機能，言語に関する精神機能，構音機能，全般的認知機能，注意機能，高次脳機能，随意運動の制御機能　など
	活動	話すこと，人間関係の構築，書くこと，運動，食事，排泄　など	話すこと，人間関係の構築　など
	参加	家庭での参加，学校での参加（授業，学級活動，全校活動），先生や級友との関係，地域の活動（習い事など）　など	
背景因子	環境因子	家庭の環境，学校の環境（先生や級友の吃音への反応），地域の活動の環境　など	
	個人因子	場面緘黙や吃音に関する情動・行動・認知，本人の願いや気持ち（主体・主観），自己認識や全般的な性格　など	

b　在籍学級での支援

　在籍学級での支援では，担任教師や級友が場面緘黙や吃音，あるいは子どもの抱える困難を正しく理解するとともに，その困難が緩和され，子どもが持つ本来の力が発揮できるよう，学級環境を整備したり，必要な配慮を行ったりする必要がある。

　場面緘黙のある子どもの支援では，子どもの多くが，話せないこと以外にもさまざまな問題に直面していることを踏まえ，以下に挙げるような支援を行う。

　級友に場面緘黙の説明をする。教室から離れたトイレや教職員用トイレを使えるようにする。音読の際の聞き手の人数を減らしたり，複数の人で音読したり，空き教室など声を出すことが可能な場所で行ったりする。作文や図工の課題を空き教室や家庭で行う。音楽の評価を，楽器演奏など歌唱以外の観点から総合的に行う。日直当番の仕事を発話しなくてもできるようにする（発言内容が書かれたカードを示す，当番を2人制として仕事の役割分担をする）[11]。

　吃音のある子どもの支援では，状況によって子どもの言いにくさが変わることや，吃音の言語症状と心理症状の重症度が必ずしも一致しない場合があることを考慮しながら，以下に挙げるような支援を行う。

　「ゆっくり」「ゆったり」した話し方で接する。吃音でことばが出てこないときは，ことばが出るまで待つ。「ゆっくり話しなさい」「落ち着いて」などの声かけはかえって児童生徒を緊張させるので避ける。はきはき話す，大きな声で元気に読むなど，一般的に望ましいとされる話し方に価値を置きすぎない。話し方に注目するのではなく，話す内容に耳を傾ける。教科書の丸読み（一文ずつ順番に読む）を授業の開始と終了の号令を1人でなく2人で声を合わせて行う。健康調べや日直当番，かけ算九九の口唱の実施方法を変える（複数の応答を許容する，吃音によるつっかえは許容する，時間制限をなくすなど）。吃音へのからかいを許さない毅然とした態度で対応する[4]。

　なお，これらの例はあくまでも参考であり，実施にあたっては，子どもの実態把握を十分行うとともに，本人や保護者と実施の有無や内容や方法について十分に相談する必要がある。

c 通級指導教室などでの指導・支援

　場面緘黙のある子どもの支援では，①安心して過ごせる場の提供，②非言語コミュニケーションも含めたコミュニケーションの促進，③話せる「人」「場所」「活動」の拡大などが行われる[11]。なお，③については，刺激フェイディング法（発話関連刺激と緘黙関連刺激を，話すことのできる場面から学校場面へと少しずつ近づけていく）や，エクスポージャー法（リラクゼーションなどの不安を下げる手段を使いながら，発話できる場面から困難な場面へと段階的に体験させる）などの応用行動分析に基づくスモールステップによるアプローチが有効である[10]。

　吃音のある子どもの支援では，①遊びを通した指導（好きな遊びや活動を思う存分したり，子どもが主導権を取って遊んだりすることを通して，コミュニケーションの自信や自尊感情の向上を目指す），②吃音の学習（吃音が「いけない，駄目な」ことではないことや，発声発語器官に力が入ると吃音になりやすいこと，吃音への対処法などを学ぶ），③発話の練習（多少吃音があっても避けないで発表や会話ができるように，吃音の言語症状の軽減を目指した指導や，話しやすく伝わりやすい話し方を考える活動をしたりする），④吃音による困難の対策（毎日の生活で実際に困難を感じていることを取り上げ，子どもと一緒にその対応策を考える）などが行われる。

　②については，吃音のある子どものグループ指導や，吃音のある人をゲストティーチャーに招いての特別講義を通して，他の吃音のある子どもや成人の考え方や対処法を学ぶ活動も有効である。また，③については，吃音の出現が減る斉読（2人で一緒に読む）を用いた音読指導や，流暢性形成法（「ゆっくり，そっと」など吃音が出にくい方法で話す），吃音緩和法（力の入った苦しい吃音を，力の入らない楽な吃音や話し方に変化させる）などがある[4]。

　なお，ASDやADHD，言語障害，知的障害を併せ持つ場面緘黙や吃音の子どもの支援では，上述した対応に加えて，言語・コミュニケーションの問題への配慮（ゆっくり間をとりながら話す発話方法での対応，言語能力への負荷の低い音読や台詞の利用，メモなど視覚的に残るものを併用）や，言語・コミュニケーションの問題の向上を直接ねらった指導（構音指導や言語発達指導，ソーシャルスキルトレーニング）などを併せて行う必要がある[5,11]。

■引用・参考文献

1) American Psychiatric Association：Diagnostic and Statistical Manual of Mental Disorders, Fifth Edition: DSM-5　American Psychiatric Association　2013（高橋三郎・大野裕監訳：精神疾患の診断・統計マニュアル　医学書院　2014）
2) 河合芳文・河合英子：場面緘黙児の心理と指導―担任と父母の協力のために　田研出版　1994
3) 小林宏明：学齢期吃音の児童・支援　ICFに基づいたアセスメント・プログラム　改訂（第2版）　学苑社　2014
4) 小林宏明：「吃音」に対する心理面も含めた理解と学校現場における対応，実践障害児教育，2015年1月号，2015
5) 小林宏明・川合紀宗編著：特別支援教育における吃音・流暢性障害のある子どもの理解と支援　シリーズきこえとことばの発達と支援　学苑社　2013
6) 久田伸行・金原洋治・梶正義・角田圭子・青木路人：場面緘黙（選択性緘黙）の多様性 ―その臨床と教育．不安症研究，8，31-45，2016
7) 文部科学省：教育支援資料―障害のある子供の就学手続と早期からの一貫した支援の充実　2013
8) 文部科学省：特別支援教育資料（平成29年度）　2018
9) スミス，ベニータ・レイ，スローキン，アリス編，かんもくネット訳：場面緘黙支援の最前線　家族と支援者の連携を目指して　学苑社　2017
10) 園山繁樹：選択性緘黙を示す小学生の担任，母親および特別支援教育コーディネーターへのコンサルテーション．障害科学研究，41，195-208，2017
11) 高木潤野：学校における場面緘黙への対応―合理的配慮から支援計画作成まで　学苑社　2017
12) 融道男・小宮山実・大久保善朗・中根允文・岡崎祐士：ICD-10 精神および行動の障害―臨床記述と診断ガイドライン　医学書院　2005

人名・事項索引

〔あ 行〕

RTIモデル　⇒Response To Intervention/Instruction
ICD　⇒国際疾病分類
ICTツール　182
アヴェロンの野生児　11
アスペルガー（Asperger, H.）　146
アスペルガー障害　146
アスペルガー症候群　148, 149
遊びの指導　52
アトモキセチン　138
アメリカ合衆国　56
アメリカ知的・発達障害学会（AAIDD）　178
アユイ（Haüy, V.）　11
合わせた授業　47
医学モデル　86
イギリス　55
石井亮一　13
石川倉次　13
意思決定支援　191
イタール（Itard, J.）　11
医療的ケア　15
インクルーシブ教育　83, 114
インクルーシブ教育システム　22
インターンシップ　109
インフォームド・コンセント　130
Vineland-II 適応行動尺度　140
WISC-IV　140
ウィング（Wing, L.）　146, 148, 149
ウォーノック報告書　55
うつ病　94, 95
AAIDD　⇒アメリカ知的・発達障害学会
ADHD（注意欠陥多動性障害／注意欠陥多動性障害／注意欠如・多動症）　16, 73, 75, 135

エクスポージャー法　224
LD（学習障害）　16, 73, 75
応用行動分析　152, 224
大阪市立思斉学校　13
太田昌孝　152
音韻意識　128

〔か 行〕

カーク（Kirk, S.A.）　126
外在化障害　137
外耳　168
各教科等を合わせた指導　186, 187
各教科の指導　203
学習空白　211
学習指導要領　38, 40, 41, 44, 45, 48, 50
学習障害　⇒LD
学習内容表　189
拡大読書器　165
学年別（授業内容）　48
隠れたカリキュラム　40
下肢　197
柏学園　13
柏倉松蔵　13
学級編制・教職員配置　33
学校教育施行令の一部を改正する政令　30
学校教育法　14
学校教育法施行規則　200
学校教育法施行規則第140・141条　29
学校教育法施行令第22条の3　27, 76
学校教育法第72条　26
カナー（Kanner, L.）　146
カナーへの回帰　147
過敏性　150
カリキュラム・マネジメント　39, 202
感音性難聴　171

感覚統合訓練　152
感覚の過敏性　91, 92
感情認知障害説　147
緘動　219
器質障害論　147, 152
器質性構音障害　218
基礎定数化　76
基礎的環境整備　66, 67, 68
基礎的・汎用的能力　104
吃音　218, 220
吃音緩和法　224
機能性（発達性）構音障害　218
機能的アセスメント　141
キャリア教育　102
9歳レベルの壁　174
キュード・スピーチ　176
教育課程　37-39, 41, 186, 200, 202,
教育課程の構造　46, 47
教育基本法　14
教育基本法第4条　25
教育職員免許法　78
教育内容　37, 200-202
教育目標　41, 45
教科カリキュラム　37
教科指導を行う際の配慮事項　204
教科書　38, 39, 53
教科内容　38
教科を合わせた授業　52
共生社会　20, 21, 83
「共生社会の形成に向けたインクルーシブ教育システム構築のための特別支援教育の推進（報告）」　66
強度行動障害支援者養成研修　154
京都盲唖院　13
局所性学習症／局所性学習障害　126　⇒限局性学習症（SLD）
経験カリキュラム　37
形式的で大げさな群　150
K-ABC-II　140

限局性学習症（SLD）　172　⇒局所性学習症／局所性学習障害
言語指導　175
言語習得　173
言語障害　72-75
言語障害通級指導教室　218
言語障害特別支援学級　218
言語発達の遅れ　218
合意形成　68
抗うつ薬　100
構音障害　218
高機能自閉症　147, 150
抗てんかん薬　100
行動異常　151
行動障害　151, 154
行動上の問題　151, 154
行動療法　152
広汎性発達障害　146, 147
公立養護学校整備特別措置法　14
合理的配慮　66-68
交流及び共同学習　16, 67, 70, 190
口話法　11
語音聴力検査　169
国際疾病分類（ICD）　178
国際障害者年　15
国際障害分類（ICIDH）　113
国際生活機能分類（ICF）　113, 178, 222
心の理論　148
骨形成不全症　194
個別教育計画（IEP；アメリカ合衆国）　56
個別の教育支援計画　21, 67, 68, 79, 106
個別の指導計画　16, 21, 67, 79, 189
コミュニケーション手段　175
孤立群　150
混合性難聴　171
「今後の特別支援教育の在り方について（最終報告）」　18, 77

〔さ 行〕

作業学習　52, 109
サラマンカ宣言　17, 114
シーケンス　37
視覚障害　71
視覚障害児の教育課程　160
視覚障害の定義　158
視覚障害の発達への影響　158
視覚障害の分類　158
視覚認知　197
視覚の活用　164
刺激フェイディング法　224
自校通級　76
自己刺激行動　159
自己理解　144
肢体不自由　69, 71-75, 193
実行系回路　137
指導内容の精選　201, 202
児童発達支援事務所　185
自閉症　16, 73, 75, 146
自閉症者　153
自閉症障害　146
自閉症・情緒障害　70, 72, 74
自閉症・情緒障害特別支援学級　218
自閉スペクトラム症／自閉症スペクトラム障害　91
自閉的精神病質　146
社会に開かれた教育課程　39, 202
社会モデル　87
弱視　72-75
弱視学級　14
弱視児の心理的特性　160
弱視児の見え方　160, 161
弱視児への指導　164
弱視レンズ　165
社交不安症　95
就学基準　27, 76
就学先の決定　30
重症心身障害児　210

授業時数　38, 46, 47, 202
授業の形態　201
受動群　150
受容的交流療法　152
手話法　11
巡回指導　76
障害者基本法　16, 66, 67, 115
障害者差別解消法　67
障害者総合支援法　118
障害者の権利条約　22, 66, 67, 115
障害者の権利に関する条約　17
障害の3つ組　147-149, 151
上肢　197
情緒障害　73, 75
情緒障害・言語障害　218
情緒障害児教育　153
情緒障害者　153
情緒障害通級指導教室　218
衝動性　92
小児慢性特定疾病　211
情報処理特性　150
触察　162
触覚の活用　162
初等教育（欠陥児・てんかん児）法　12
初等教育（盲・聾児）法　12
ジョブコーチ　119
ショプラー（Schopler, E.）　152
白川学園　13
自立　205
自立活動　46, 49, 53, 79, 143, 200-202, 205
自立活動の指導　204
心因論　147, 152
シングルフォーカス　150
神経性無食欲症　96
神経発達症　86, 88
進行性筋ジストロフィー　194
心身症　97, 209
身体症状症　97
進路学習　111

スウェーデン　59
スコープ　37
「性格異常者」　153
生活科　41, 44, 45
生活規制　207
生活単元学習　52
生活年齢　181
精神年齢　181
斉読　224
セガン（Séguin, O.-E.）　11
積極・奇異群　150
摂食障害　96
全障害児教育法（アメリカ合衆国）　56
センター的機能　70, 77
選択制緘黙（selective mutism）　95, 154, 219
　⇒場面緘黙
セントラルコヒーレンス　150, 151
早期幼児自閉症　146

〔た　行〕
タイムスリップ現象　91, 92
滝乃川学園　13
他校通級　76
多動性　92
多動性－衝動性　135
多様な学びの場　22, 66-68, 73
段階別（授業内容）　49
チック　218
知的障害　69-72, 74
知的障害特別支援学校の各教科　201, 203
知的発達症　90
知能指数　181
注意欠陥多動性障害／注意欠陥・多動性障害
　／注意欠如・多動症　⇒ADHD
中耳　168
中枢神経刺激薬　100
中枢性難聴　172
聴覚学習　175
聴覚活用　175

聴覚口話法　175
聴覚障害　71, 167
挑戦的行動　151
重複障害　195
「重複障害者等に関する教育課程の取扱い」
　200-202
聴力検査　169
通級指導教室　78
通級による指導　15, 29, 73, 75, 76, 79, 132
通常学級　218
DSM-5　135, 146, 149, 178, 182
DN-CAS　140
TEACCH（Treatment and Education of
　Autistic and Communication handicapped
　Children）　152
ディスクレパンシーモデル　127
ディドロ（Diderot, D.）　10
適応行動スキル　178
適応障害（adjustment disorder）　96
適応スキル　183
デコーディング　128
デュシェンヌ型筋ジストロフィー　210
伝音性難聴　170
点字　11, 13, 163, 164
デンマーク　57, 62
東京市立光明学校　13
動作法　152
特殊学級　77
特殊教育　10, 14, 18-20, 23, 66, 82
特別支援学級　70, 72, 74, 77, 79, 81
特別支援学校　19, 68-71, 76-79, 83
特別支援学校教諭免許状　78-80
特別支援学校の目的　26
特別支援学校への就学奨励に関する法律　33
特別支援教育　10, 18-23
特別支援教育コーディネーター　70, 80
特別支援教育支援員　16, 77, 81
「特別支援教育を推進するための制度の在り
　方について（答申）」　19, 20, 77

特別支援教室　77
特別な教育的ニーズ　82, 83
「特別な教育的ニーズ（SEN）」（イギリス）　55
特別の指導　77
読話指導　175
ド・レペ（de l'Epée, C.-M.）　11
鈍感性　150

〔な　行〕
内在化障害　137
内耳　168
難聴　72, 74, 75
難聴学級　14
二次障害　181
「21世紀の特殊教育の在り方について（最終報告）」　17
日常生活の指導　52
二分脊椎症　194
日本国憲法第26条　25
認知特性　152
認知発達治療　152
脳性まひ　194
ノーマライゼーション　17, 20, 57, 113
ノルウェー　58

〔は　行〕
バーバリズム　159
配当時数　200
ハイニッケ（Heinicke, S.）　11
バイリンガルろう教育　176
発音指導　175
発語指導　175
発達障害　77, 82
発達障害者支援法　16
発達性学習症／発達性学習障害　126
発達性協調運動症　94
発達性ディスレクシア／発達性読み書き障害　126

場面緘黙（かんもく）　218, 219, 222　⇒選択制緘黙
バロン‐コーエン（Baron-Cohen, S.）　147
PDCAサイクル　68
微細脳機能障害　126
病弱　69, 71
病弱・身体虚弱　72–75, 207
標準純音聴力検査　169
貧困　82
不安症　95
不安障害　219
フィンランド　60
不注意　92, 135
不適切行動　151
不登校　78, 82, 83, 218
ブライユ（Braille, L.）　11
フリス（Frith, U.）　151
フリスの因果関係モデル　130
古河太四郎　13
平均聴力レベル　169
報酬系回路　137
訪問教育　15
歩行指導　163, 164
ホブソン（Hobson, R.P.）　147

〔ま　行〕
ミラーニューロン　147
メチルフェニデート　138
目と手の協応　196
盲学校及聾啞学校令　13
盲児の心理的特性　159
盲児への指導　162
盲・聾・養護学校　14
問題行動　151

〔や　行〕
薬物療法　99, 152
指文字　176
養護学校　14
養護学校義務制　15

養護・訓練　41, 44, 45
幼稚部教育要領　41, 46
予期不安　220

〔ら　行〕
Learning Differences　127
ライフキャリア　104
楽善会訓盲院　13
ラター（Rutter, M.）　147
流暢性形成法　224
領域・教科を合わせた授業　52
ルソー（Rousseau, J.-J.）　10
レオン（Ponce de León, P.）　10
Response To Intervention／Instruction（RTI
　モデル）　127
ロック（Locke, J.）　10

〔わ　行〕
ワークキャリア　104

執筆者紹介 〈執筆順。＊は編者。（　）内は執筆担当箇所〉

＊柳本　雄次（1章）　東京福祉大学教育学部
　須藤　典征（2章）　共栄大学教育学部　〔兼任〕東京福祉大学
　浦﨑　源次（3章）　高崎健康福祉大学人間発達学部
　石田　祥代（4章）　千葉大学教育学部
＊河合　　康（5章）　上越教育大学大学院学校教育研究科
　塩川　宏郷（6章）　実践女子大学生活科学部
　阿部　　崇（7章）　東京家政大学子ども学部
　上田　征三（8章）　東京未来大学こども心理学部
　後藤　隆章（9章）　横浜国立大学教育学部
　佐藤　克敏（10章）　京都教育大学教育学部
　肥後　祥治（11章）　鹿児島大学法文教育学域　教育学系
　佐島　　毅（12章1節）　筑波大学人間系障害科学域
　福田　奏子（12章1節）　宇都宮大学共同教育学部
　佐藤　至英（12章2節）　北翔大学生涯スポーツ学部
　髙橋　幸子（13章）　國學院大學人間開発学部
　一木　　薫（14章）　福岡教育大学教育学部
　八島　　猛（15章1節）　上越教育大学大学院学校教育研究科
　小林　宏明（15章2節）　金沢大学人間社会学域　学校教育学類

特別支援教育〔第3版〕
一人ひとりの教育的ニーズに応じて

2019年 4月15日　初版第1刷発行
2020年 6月 1日　　　　第2刷発行

編著者　　柳 本 雄 次
　　　　　河 合　　康
発行者　　宮 下 基 幸
発行所　　福村出版株式会社
〒113-0034　東京都文京区湯島2-14-11
　電　話　03-5812-9702
　Ｆ Ａ Ｘ　03-5812-9705
　https://www.fukumura.co.jp

印　刷　　株式会社文化カラー印刷
製　本　　協栄製本株式会社

© 2019 Yuji Yanagimoto, Yasushi Kawai
Printed in Japan
ISBN978-4-571-12136-4
乱丁・落丁本はお取替えいたします。
定価はカバーに表示してあります。

福村出版◆好評図書

橋本創一・三浦巧也・渡邉貴裕・尾高邦生・堂山亞希・熊谷亮・田口禎子・大伴潔 編著
教職課程コアカリキュラム対応版
キーワードで読み解く
**特別支援教育・障害児保育＆
教育相談・生徒指導・キャリア教育**
◎2,700円　ISBN978-4-571-12140-1　C3037

文部科学省により2017年に策定された教職課程コアカリキュラムに即した教職課程必須のスタンダードテキスト。

橋本創一・安永啓司・大伴潔・小池敏英・伊藤友彦・小金井俊夫 編著
**特別支援教育の新しいステージ
5つのI（アイ）で始まる知的障害児教育の実践・研究**
●新学習指導要領から読む新たな授業つくり
◎1,800円　ISBN978-4-571-12135-7　C3037

新学習指導要領のポイントをわかりやすく解説し、知的障害児のためのユニークな授業実践33例を紹介。

障害児の教授学研究会 編
**アクティブ・ラーニング時代の実践をひらく
「障害児の教授学」**
◎2,700円　ISBN978-4-571-12138-8　C3037

障害児の授業を支える理論を体系的に論じ、新学習指導要領をふまえた教育実践を創造するための視点を示す。

小野善郎 監修／和歌山大学教育学部附属特別支援学校性教育ワーキンググループ 編著
**児童青年の発達と
「性」の問題への理解と支援**
●自分らしく生きるために 包括的支援モデルによる性教育の実践
◎1,800円　ISBN978-4-571-12137-1　C3037

性の概念の変化に対し性の問題をどうとらえ支援するのか。発達段階に応じた性教育の包括的支援モデルを紹介。

北洋輔・平田正吾 編著
発達障害の心理学
●特別支援教育を支えるエビデンス
◎2,500円　ISBN978-4-571-12139-5　C3037

若手研究者が最新心理学研究のエビデンスを発信し、特別支援教育の現場と基礎研究の橋わたしを目指す論考集。

梅永雄二 著
障害者心理学
●障害児者の特性理解と具体的支援方法
◎2,000円　ISBN978-4-571-12118-0　C3037

障害児者が青年期以降も自立した社会生活を営めるために必要な支援について、心理的アプローチから考察する。

田中農夫男・木村進 編著
**ライフサイクルからよむ
障害者の心理と支援**
◎2,800円　ISBN978-4-571-12103-6　C3037

障害者のライフステージに即した心理を解説。生活者である障害者への支援とは何かを理解するための入門書。

◎価格は本体価格です。